Gaby Krensel

TEXAS

Eine Liebeserklärung

Gaby Krensel

TEXAS

Eine Liebeserklärung

Edition Forsbach

Bibliografische Information der Deutschen Nationalbibliothek:
Die Deutsche Nationalbibliothek verzeichnet diese Publikation in der Deutschen Nationalbibliografie; detaillierte bibliografische Daten sind im Internet über http://dnb.dnb.de abrufbar

Edition Forsbach
Bücher mit Herz

www.edition-forsbach.de
3. Auflage, Bamberg 2021

Druck und Bindung: CPI Druckdienstleistungen GmbH
Ferndinand-Jühlke-Str. 7, 99059 Erfurt
Printed in Germany
ISBN 978-3-95904-076-1 (Print)
ISBN 978-3-95904-077-8 (E-Book)

WIDMUNG

Dieses Buch widme ich

unseren langjährigen Freunden Beverly & Marc und Sara & Doug,

meiner Familie,

dem Bundesstaat Texas

und

den Texanern

INHALT

VORWORT VON DR. RENÉE MOORE

Gaby Krensel hat mit *Texas – Eine Liebeserklärung* ihr erstes Buch geschrieben. Durch meine Verlegerin Dr. Beate Forsbach habe ich die Autorin kennengelernt, die ihr Buch während ihres letzten Schuljahres als Förderschullehrerin erstellt hat. Dabei wollte sie gar kein Buch schreiben, sondern hat sich „zufällig" von dem Motto „Bücher schreiben mit Herz" inspirieren lassen und eines Nachts von ihrem Buch geträumt. Daraufhin hat sie mit Dr. Beate Forsbach Kontakt aufgenommen, ein Autoren-Seminar besucht und ein Autoren-Mentoring gebucht – und das Ergebnis liegt heute vor Ihnen.

Eine solch großartige Leistung konnte Gaby Krensel nur erbringen, weil sie eine ganz große Liebe im Herzen hat: die Liebe zu Amerika und den Wunsch, dort den „American Way of Life" kennenzulernen.

Ich freue mich sehr, dass es gerade Texas war, das Gaby Krensel vor 25 Jahren entdeckte, und von dem sie sagt:

Das ist MEIN TEXAS! Das ist MEINE FREIHEIT! IMMER! Und jedes Mal wieder!! BIS HEUTE!

Denn ich selber stamme aus Texas und ich bin glücklich, dass Gaby Krensel so über mein Land schreibt. Als Texanerin bin ich stolz auf mein Land: in Texas ist alles größer und eine Texanerin ist etwas ganz Besonderes!

Und so bewundere ich Gaby Krensel, dass sie ihr Buch nicht nur ihren texanischen Freunden und ihrer Familie widmet, sondern dem Bundesstaat Texas und den Texanern. Ihr Buch ist ein Dankeschön an Texas und sie möchte erreichen, dass sich die 28,1 Millionen Texaner darüber freuen!

Dieses Vorhaben ist wirklich großartig und ich wünsche Gaby Krensel einen großen Erfolg dabei.

Für Sie, liebe Leser in Deutschland, hat dieses Buch eine wichtige Botschaft:

„Habe den Mut, einen scheinbar verschollenen Traum auch nach vielen Jahren noch zu verwirklichen! Höre auf Dein Herz und tue Dinge, die Dir Freude und Spaß bringen. Damit erhöht sich Dein Energielevel und vieles, was Dich anstrengt, geht Dir jetzt leichter von der Hand.“

Ich wünsche Ihnen viel Freude beim Lesen!

Ihre ***Renée Moore***,
geboren und aufgewachsen in Kerrville (Nähe Austin), Texas

Dr. Renée Moore, Internationale Keynote-Speakerin, „Deutschlands führende Motivations-Expertin“ (RTL), „The New Global Leader“ (Huffington Post) und Autorin des Bestsellers „Be Unstoppable in deinem Business!”

www.reneemoore.com

PROLOG: TEXAS – MY HAPPY PLACE (1993-2018)

„WO fliegst du hin? Nach TEXAS???? Was willst du denn DA????"

Diese Frage hörte ich im Familien- und Freundeskreis in unterschiedlichen Variationen immer wieder, bevor im Winter 1993, genauer gesagt am 26.12.1993, ein unglaublich großer Traum in Erfüllung ging: meine erste Reise nach Amerika!

Sehnlichst davon geträumt im Teeniealter, sehnlichst erhofft und gewünscht nach dem Abi '80, jedoch nie verwirklicht bis zu jenem Weihnachten, das letztlich durch den Flug über den großen Teich mein Leben veränderte. Es sollte nämlich ein gut verpacktes, besonderes Geschenk beinhalten, von dem ich nichts ahnte. Welches mir aber bis heute geblieben ist.

Doch der Reihe nach: Geboren im Sommer 1960 in einer niedersächsischen Kleinstadt am Rande des Harzes, erlebte ich die typische Kindheit der so genannten „Baby-Boomer".

Deren Eltern hatten den 2. Weltkrieg mit- und überlebt. Deutschland fing sich wieder, baute auf und freute sich nach Jahren der Ängste, des Elends und Kummers über ein beginnendes kleines und dann sich steigerndes Wirtschaftswunder, das in neuen Möbeln und Elektrogeräten, Tanzveranstaltungen, Bohnenkaffee (endlich!!) und der häufig zitierten Italienreise im „Käfer" gipfelte. Eine Reise in den Süden …! Zur Not tat's auch die „Vespa", man genoss das Dolce Vita zwischen Pizza, Pasta, Zitronensorbet und Asti Spumante.

Nach den Zeiten der Unsicherheit entwickelte sich eine deutsche Recht- und Ordnungsgesellschaft, es wurde viel und fleißig gearbeitet. Von Kindern erwartete man eher Anpassung als Diskutierfreude. Ungehorsam war verpönt. Also war ich meistens brav.

Meinen Hang zu Abenteuern erlebte ich eher in Büchern. Glücklicherweise hatte ich das Talent, schnell lesen zu lernen. Und so fing ich schon früh an, die Helden und Heldinnen meiner Kindheit und Jugend in meiner Phantasie zu begleiten. Ich schlüpfte in ihre Geschichten und liebte es, mit ihnen gemeinsam auf Entdeckungsreise zu gehen. Sie waren mutig, vorwitzig und trauten sich etwas zu.

Sie blieben neugierig, unternehmungslustig und voller Träume. Hindernisse, die es gab, wurden mit Herz und Hirn überwunden, am Ende stand stets das Happy End.

Meine unbändige Leselust hielt auch in der Oberstufenschulzeit an, auch wenn sie sich zum Bedauern meiner Eltern nur selten auf derzeitig angesagte Schulbücher bezog. Erste Berufspläne wurden geschmiedet und wieder verworfen. Alles schien möglich: Bibliothekarin, Diplomatin im Auswärtigen Amt, Schriftstellerin (wegen kürzester Familien-Kurzgeschichten, die ich im Grundschulalter bei den Großeltern liebend gern schrieb), ebenso Kriminalkommissarin. Ach, und ein Café auf Barbados hätte ich (aus damals aktuellem Anlass) auch gern eröffnet. Die Backleidenschaft ist mir übrigens bis heute geblieben, und wo immer ich Cupcakes entdecke, muss ich sie probieren. Um dann, falls möglich, eine Masterclass für's Know How zu besuchen oder mir wenigstens mit einem Großeinkauf den Abflug aus Amerika zu versüßen. Auch die Firma Wilton mit ihren vielfältigen und oft phantasievollen Backaccessoires hat mich oft auf dem Rückflug begleitet. Der Zoll grinste, aber meine heimischen Küchenschränke sind dadurch bis heute bestens bestückt …

Doch zurück zur Oberstufe mit ihren neuen Verlockungen. Plötzlich war der heißersehnte Geburtstag da: Sweet Sixteen und ich erinnere mich genau, wie sich das Leben plötzlich zu öffnen schien in unglaublich verheißungsvolle Möglichkeiten. Es gab neben vielen kleinen Freiheiten, wie

Bahn fahren in die nächst gelegene Großstadt mit Freundinnen, Feten und Diskobesuchen auch die erste Zigarette (Ernte 23, natürlich heimlich geraucht mit ziemlich schlechtem Gewissen und immer Pfefferminz dabei). Die erste große Liebe kam und ging, der Liebeskummer ebenso. In der Tanzstunde hatten wir „Benimm" zu lernen und freuten uns unbändig auf das erste große Fest in unserem jungen Leben – den Abschlussball – in der Hoffnung, den Abend ohne größere körperliche Blessuren zu überstehen.

Viele spannende Dinge „passierten" also zum ersten Mal und unter den meisten meiner Freundinnen und Klassenkameraden entwickelte ein spezielles Gefühl:

**HALLO LEBEN, ICH BIN BEREIT FÜR DICH.
LASS UNS PLÄNE SCHMIEDEN!!**

Es fühlte sich an wie AHOI-Brausepulver im Herz und besaß jugendliche unbekümmerte Leichtigkeit. Und es rief uns zu: ALLES IST MÖGLICH!! Werdet volljährig, macht Abi und dann raus in die Welt!!

Und genau das wollten wir. HOTEL MAMA kam in unserem Plan nicht vor. Wir wollten Freiheit erleben und selbstbestimmt in Richtung Zukunft die Welt erobern. Auch ich konnte dieses Lebensgefühl stark in mir spüren, von daher war es aus heutiger Sicht nicht verwunderlich, dass ein Buch meinen Weg kreuzte, ausgeliehen von einer Mitschülerin (Danke Petra)!

Es hieß: HUMMELCHEN REIST NACH AMERIKA. Ein Buch, welches mich so in seinen Bann zog, dass ich fast das Abi hätte sausen lassen, um wie die Titelheldin nach Amerika zu gehen, dann dort zu heiraten und Amerikanerin zu werden. Das Amerika von damals versprach Freiheit und die Chance, mit Fleiß, Engagement und Kreativität erfolgreich zu werden.

Meine Eltern waren von den Spontanplänen ihrer eigentlich „vernünftigen Großen" überhaupt nicht begeistert. Und selbst das Ziel, statt im Englisch-Leistungskurs dann lieber „richtiges" Englisch zu lernen, konnte sie nicht wirklich überzeugen. Sie hielten Amerika für eine Laune, die sich schon wieder legt, „wenn das Kind seinen Weg gefunden hat … hier in Deutschland". Am liebsten hätten sie das Buch konfisziert, merkten aber, wie sehr sich dessen Gedankengut schon so in meinem Kopf festgesetzt hatte, dass sich dieses Unterfangen als sinnlos herausgestellt hätte. Außerdem war das Buch nur geliehen.

So begnügte sich mein Vater mit der Aussage: „Solche Rosinen im Kopf – von mir hast du das nicht!!" Unglücklicherweise fiel der Satz meines Vaters mit leicht vorwurfsvollem Blick auf meine Mutter, die ebenso jegliche „Schuld" von sich wies und das absolut zu Recht. Meine Eltern haben mir viele positive Eigenschaften mitgegeben, das „Abenteuer- und Reise-Gen" aber gehörte definitiv nicht dazu. Die erlebten Kriegsgeschichten waren mit Sicherheit „Abenteuer" genug für ihr Leben.

In unserer Familiengeschichte fand sich niemand, dem ich mein „Ich-bin-so-gerne-unterwegs-Gen" hätte zuordnen können. Alle waren ehrbare Bürger, gingen einer geregelten, häufig auch einer Beamtentätigkeit nach. Dem Horoskop nach soll's am Jupiter im Schützen liegen und damit der Lust am Suchen nach dem heiligen Gral, der blauen Blume. Das hört sich spannend und zumindest ein bisschen passend an.

Nach einem so richtig schwarzen Schaf in der Sippe suchte ich (leider) vergebens. Also schrieb ich in meiner Phantasie die „Amerika-Flausen" kurzerhand meiner verschollenen Urgroßmutter mütterlicherseits zu, taufte sie Agathe-Amalie und ließ sie um die Jahrhundertwende 1900 mit einem Schiff nach Amerika auswandern. Trotz intensiver Recherche ihre wahre Geschichte betreffend konnte mir keiner in der Verwandtschaft auch nur ansatzweise über ihren Verbleib Auskunft geben. Tatsache ist, dass sie ihre Tochter, meine Großmutter Käthe, als Halbwaise im Kinderheim zurück ließ. Ich hoffe, sie hatte einen guten Grund dafür.

Meine Eltern überzeugten mich währenddessen, das Gymnasium zu beenden, weil … „Mit dem Abi in der Tasche steht dir doch das Leben offen!

Und du kannst überall dein Glück versuchen, du hast dann alle Möglichkeiten!"

Wie ich bereits erwähnte: Ich war brav und NATÜRLICH machte ich das Abitur. Die vielfältigen Möglichkeiten reduzierten sich allerdings aufgrund der geburtenstarken Jahrgänge ziemlich fix. Für das Studium des Bibliothekswesens in Bayern war ich nicht bayerisch genug, für die heimische Polizei ohne Brille zu blind, tja und ob ich tropentauglich genug fürs Auswärtige Amt gewesen wäre, wollte ich erst gar nicht testen lassen.

Im Café auf Barbados hätte mich kaum jemand aus Deutschland besucht und meine Deutschnote im Abi verhieß auch erst mal keine erfolgversprechende Autorenkarriere. Leider! Nur Novalis-Gedichtinterpretationen gelangen mir ziemlich überzeugend, denn: „Wer Schmetterlinge lachen hört, der weiß, wie Wolken schmecken." Und auf mein Gehör konnte ich mich immer verlassen. Aber reichte das aus für die Schriftstellerei? Es erschien mir zu einseitig, zumal ich mit meinen Lyrik-Ausführungen lediglich meinen Deutschlehrer begeisterte. So löste sich ein Berufswunsch nach dem anderen in Wohlgefallen auf.

Und ich wurde langsam nervös. Der Traum vom Jahr in Amerika wurde überdeckt von der intensiven Suche nach dem nun wirklich RICHTIGEN Beruf und der Frage: Wie geht's jetzt weiter?

Einmal mehr entpuppte sich mein Vater als richtungsweisend. Beim sonntäglich gemeinsamen Frühstück und Gesprächen über die Zukunft der Tochter hörte ich ihn plötzlich sagen: „Werd' doch Lehrerin! Du kannst gut mit Kindern, die Pädagogische Hochschule ist sozusagen gleich um die Ecke, da kannst du hier weiter wohnen und als Beamtin weißt du: Dein Geld kommt. Die Ferien auch."

In dem Moment damals fing sich alles in meinem Kopf an zu drehen und ehrlich gesagt, nicht aus purer Freude über diesen väterlichen Gedankenblitz.

Mir fielen meine eigenen Lehrer ein, nicht immer eine Zierde ihres Berufsstandes. Selten hatten sie damals ein aufmunterndes Wort, eher schienen sich einige zu freuen, wenn nicht alles gelang. Manchmal führten sie die Schüler richtig vor, was zum einen zu Gelächter innerhalb der Klasse und zu roten Köpfen samt demoralisiertem Selbstbewusstsein bei den Betroffenen führte. Lehrer warfen mit nassen Schwämmen und mit Schlüsselbunden, manche liebten Scherze auf Kosten der Schüler oder ganzer Gruppen („Mädchen gehören an den Kochtopf und nicht in den Physikunterricht"). Kurzum, die Schulzeit in den Siebzigern lief nach dem Motto: „Was uns nicht umbringt, macht uns härter." Wenn man da nicht mit einem robusten Naturell und am besten einem stabilen Selbstvertrauen ausgestattet war, plagte man sich doch ziemlich. Auch entspannte Eltern waren eindeutig von Vorteil …

Gleichzeitig lief eine in Bruchteilen von Sekunden durchgeführte wenig verheißungsvolle Selbstreflexion: ICH soll Lehrerin werden? Kann ich das? Will ich das?? Ich muss dann vor einer Klasse stehen, den Ton angeben, Grenzen setzen, die Vorturnerin sein. Bestimmen. Regeln festlegen. Mich zeigen. MICH ZEIGEN???

Ganz schwieriges Thema. In den Gymnasialschuljahren meldete ich mich nur, wenn ich mir meiner Antwort hundertprozentig sicher war. Ansonsten blieb ich im Hintergrund, war zurückhaltend und oft froh, übersehen zu werden. Vor der Klasse etwas vorzustellen, Referate zu halten oder mich zu präsentieren, war immer angstbesetzt und ich entspannte mich erst, wenn bei solchen Aufgaben andere Namen aufgerufen wurden.

Trotzdem, durch die Äußerung meines Vaters „Werd' doch Lehrerin" war die Idee auf einmal in der Welt und dort blieb sie auch. Sie begann in meinem Kopf zu schwirren und ich fing an, mich mit ihr zu beschäftigen. Es bedeutete leider auch, dass mein Traum vom Jahr in Amerika zunehmend in den Hintergrund rückte. Die Pädagogische Hochschule war greifbar und fünf Autominuten entfernt, Amerika nicht. Das Studium bedeutete konventionelle Sicherheit, Amerika nicht. Die finanzielle Situation meiner

Eltern erlaubte Studieren mit Wohnen daheim, Amerika nicht. Meine eigenen Unsicherheiten und Ängste ließen eher „die Lehrerin" zu, Amerika nicht. Und so verabschiedete sich mein Amerikatraum nach letztem Aufbegehren still und leise ins Unterbewusstsein, wo er zwar präsent blieb, es mich aber nicht merken ließ. Er schlummerte dort etliche Jahre in der Hoffnung, sich eines Tages doch zeigen zu dürfen.

Währenddessen startete ich mein Lehramtsstudium an der nahen Pädagogischen Hochschule, die sich zügig bemühte, eine richtige Uni zu werden und das letztendlich erfolgreich. Während der ersten Semester Grund- und Hauptschulpädagogik zeichnete sich – bedingt durch die schwierige finanzielle Lage Niedersachsens – ein Einstellungsstopp für Lehrer ab. Also tagte der Familienrat erneut, wenn auch ohne Ergebnis. Rettung nahte in Form einer Nachbarin, ihres Zeichens Lehrerin an einer Sprachheilschule. Sie erzählte mir von ihrer Tätigkeit, ich ihr von meinen Befürchtungen. Erneut fiel ein Satz, den ich in abgewandelter Form schon kannte: „Werd' doch Sonderschullehrerin! Hier werden noch Leute gebraucht." Während der Teil meiner pädagogischen Verwandtschaft entsetzt reagierte („Sonderschule? Da werfen sie mit Leberwurstbroten, tu dir das nicht an!!!"), hatte ich mehr Sorge bezüglich eventuell drohender Arbeitslosigkeit.

Die Frage „weiter Lehrerin oder was?" stellte sich glücklicherweise nicht. Mittlerweile hatte ich die ersten Unterrichtserfahrungen lebend und sogar erfolgreich überstanden, mir gefiel das Unterrichten und besonders der gute Draht zu meinen Schülern, also ließ ich mich von jener Sonderschul-Nachbarin zu einer Hospitation in ihre Klasse einladen.

Zur Beruhigung aller kann ich bestätigen, dass keine Leberwurstbrote im Unterricht umherflogen. Auch keine Käsebrote. Es flog überhaupt nichts. Ganz im Gegenteil:

Es lief ein toller Unterricht, schülerzentriert, handlungsorientiert und in harmonischer Atmosphäre. Es gab Zeit und die Möglichkeit der intensiven Unterstützung für die Schüler, die alle auf spezielle Weise Sprachprobleme hatten. In der kleinen Klasse wurden die Schüler gesehen und auf jeden konnte man Rücksicht nehmen. Selbst im Kollegium, ähnlich klein, herrschte eine durchaus familiäre Atmosphäre.

Kurz gesagt, ich fühlte mich am richtigen Platz und die Entscheidung, von Grundschul- auf Sonderschullehramt zu wechseln, fiel entgegen meiner sonstigen Gewohnheit leicht und schnell. Von der kleinen Uni ging es jetzt nochmal fünf Semester auf eine große mit all ihren Vor- und Nachteilen. Dann war es geschafft, ich hielt das Zeugnis des ersten Staatsexamens in den Händen und durfte weiter ins Referendariat. Auch hier war mir das Glück hold, ich bewarb mich dafür an eben jener kleinen Schule meiner Nachbarin und wurde genommen. Nach eineinhalb Jahren hieß es auch hier: alles perfekt, Prüfung bestanden.

Ich war tatsächlich staatsexaminierte Förderschullehrerin. Und nun auf der Suche nach meiner ersten Vollzeitstelle. Wie ich bereits erwähnte, waren die Zeiten dafür anders als heute ziemlich ungünstig. In den niedersächsischen Landeskassen herrschte Ebbe und plötzlich hieß es: Einstellungsstopp für Lehrer. Damit hatte nun keiner gerechnet, weder die frischgebackene und hochmotivierte Sonderschullehrerin noch ihre Eltern. Guter Rat war teuer, ich mittlerweile Mitte Zwanzig und wieder einmal bereit fürs Leben, in diesem Fall fürs Arbeitsleben.

Doch man ließ mich nicht. Ich unternahm alles Mögliche und reiste quer durch die Republik; ich fuhr bis nach Bayern, um eine Stelle zu ergattern, leider ohne Erfolg. Selbst die daheim oft zitierte Hallig (Vater: „Sollte dir die Hallig Hooge eine Stelle anbieten, gehst du dorthin, da gibt es kein Vertun!") bot keinen Arbeitsplatz. Allerdings existierte dort auch keine Sonderschule, die mich hätte einstellen können. Heute gibt es dort nur acht Schüler, wie mir eine Freundin erzählte, die unlängst vier Wochen dort verbrachte. Aber ein ehemaliger Sonderschullehrer war dort immerhin bis Sommer 2018 Bürgermeister. Wer weiß, welche Karriere mir auf dem Eiland vielleicht beschieden worden wäre, wenn es mich denn dorthin verschlagen hätte.

Nein, das Schicksal verweigerte mir auch die Hallig. Es hatte anderes mit mir vor und erwartete als erstes mal Geduld von mir und besonders auch von meiner Mutter. Der Druck, ihre Älteste trotz bestem Examen ohne Stelle zu sehen, lastete schwer auf ihr. Wenn sie ihn dann in dunklen Stunden an mich weitergab, musste ich manchmal davor fliehen und ausweichen, um nicht selbst in Verzweiflung zu verfallen. Natürlich jobbte ich in Behörden und Geschäften, aber die heißersehnte Lehrerstelle wollte sich einfach nicht zeigen. Und mein 30. Geburtstag rückte bedrohlich näher.

In dieser Zeit wurde die Bowlingbahn zu meinem Trostort. Hier konnte ich erfolgreich sein! Die schwere Kugel leicht aufsetzen, die Pins genau ins Visier nehmen und mit entsprechendem Drive den Strike hinbekommen. Mit meinem Team gewann ich die interne Hausliga, in der gleichen Saison auch den Pokal als „Beste Dame". Immerhin etwas zur Ablenkung, aber eine Stelle hatte ich trotzdem nicht.

Ich durchforstete weiterhin Stellenanzeigen in der örtlichen Presse, las das Schulverwaltungsblatt und stolperte dort eines Tages über ein Stellenangebot: „Deutsche Lehrer/innen für Schulen in Texas, USA gesucht". Das hörte sich sehr spannend an, klang nach ein bisschen Abenteuer, nach Aufbruch in mein eigenes Leben. Das „Hummelchen-Buch" fiel mir wieder ein und damit mein Traum von Amerika. Ich überlegte, mich zu bewerben.

Allerdings beging ich den Fehler, mehreren Freunden, Freundinnen und der geneigten Verwandtschaft davon zu erzählen, in der Hoffnung, ermutigt zu werden. Leider war das Gegenteil der Fall. Sie wollten mich nicht gern ziehen lassen und im besten Fall hieß es: „Was willst du denn da? Da gibt's nur braunes Land und Cowboys. Viiel zu gefährlich!!! Bleib lieber hier!"

Nun darf geraten werden, was passierte: richtig, nämlich nichts. Ich bekam Angst vor meiner eigenen Courage und traute mir wieder einmal nicht zu, mein Leben in die eigenen Hände zu nehmen. Das Einzige, was ich nahm, war – mit leisem Bedauern – Abstand von der Bewerbung. Und der Traum von Amerika versickerte langsam aber sicher wieder einmal im Untergrund.

Dank vieler weiterer Bemühungen um eine Stelle und der Tatsache, dass so ein Lehrer-Einstellungsstopp auch große Nachteile mit sich bringen kann, nämlich die schon damals zum Teil mangelnde Unterrichtsversorgung an etlichen Schulen noch zu verschärfen, wurden von der Regierung sogenannte Feuerwehrstellen geschaffen und besetzt. Diese befristeten Arbeitsplätze in den Schulen waren damals heiß begehrt, ging man damit dann doch einer geregelten Tätigkeit nach und wurde bezahlt, wenn auch deutlich schlechter als die verbeamteten Kollegen. Und das Feuerwehrprinzip war – wie schon der Name sagt – auch nicht immer erbaulich. Es bedeutete, an irgendeiner Schule, die den dringendsten Bedarf angemeldet hatte, eingesetzt zu werden. Diese Verträge starteten sehr kurzfristig, liefen oft nur über ein paar Monate und das Erreichen der Schulen war meist mit längeren Fahrzeiten verbunden. Trotzdem jubilierte ich, als endlich so ein Vertretungsvertrag in meinem Briefkasten landete und tatsächlich ein zweiter hinterher.

Eine feste Stelle zogen auch diese ersten Unterrichtszeiten nicht nach sich, aber wenigstens die Aussicht auf eine Planstelle im äußersten Norden von Norddeutschland. Doch zu früh gefreut! Der dortige Personalrat sorgte sich, dass ich als nicht so richtiges Nordlicht ihre heiligen Hallen vielleicht nicht richtig zu schätzen wüsste und – nach erfolgter Verbeamtung – zügig die Flucht Richtung Heimat eintreten würde. Er legte sein Veto ein und meine Enttäuschung war riesig, zumal es eine Grundschul-Studienfreundin auch in dortige Gefilde verschlagen hatte. Wir schmiedeten bereits Pläne, sie suchte auch schon nach einer Wohnung für mich und nun hieß es wieder: „April, April, es klappt nicht."

Wäre ich nicht so frustriert gewesen, sondern hätte darauf vertrauen können, dass dies alles einen Sinn hat, wäre es mir sicher insgesamt besser gegangen. Getreu dem Ausspruch von Søren Kierkegaard: „Leben kann man nur vorwärts, das Leben verstehen nur rückwärts" sind mir aus heutiger Sicht manche Entwicklungen klar. Damals aber nicht, ich steckte einfach fest. Murphys Gesetz folgend ging ziemlich zeitgleich dann auch meine mehrjährige Partnerschaft in die Brüche, da hätte mir ein Ortswechsel gut getan. Aber nein, es schien nicht vorgesehen. Ich musste dort noch ein weiteres Weilchen ohne große Perspektive ausharren.

Eine gefühlte Ewigkeit später, nach circa einem halben Jahr, wurde der Einstellungsstopp aufgehoben und ein Dezernent auf mich aufmerksam, der wenige, aber immerhin ein paar Planstellen zu vergeben hatte. Er lud mich zum Einstellungsgespräch, welches eine Zigarettenlänge (eine lange EVE) dauerte, und auch er steckte sich eine an (ja, so etwas war zu der Zeit noch möglich …). Nach Überprüfung meiner fachlichen Kompetenz verriet er, dass zwei Orte im Weserbergland zur Debatte stünden und entließ mich mit den hoffnungsvollen Worten: „Sie hören von mir!" Ich konnte meine Neugier nicht bremsen, schaute mir beide Orte an. Einer kristallisierte sich heraus, der mir gefiel. Aber – bin ich ehrlich – den anderen hätte ich auch nicht abgelehnt.

So nahm denn das Schicksal an einem trüben Januarmorgen seinen Lauf, als tatsächlich mein Telefon klingelte, jener Dezernent einen guten Morgen wünschte und mir die sprichwörtlich frohe Botschaft der Planstelle im favorisierten Städtchen Hameln überbrachte. Ich hätte ihn küssen können vor lauter Glückseligkeit und brüllte das auch laut in den Hörer. Er lachte hörbar, nahm Anteil, freute sich mit mir und wurde dann wieder sachlich. Alles andere wäre seiner Karriere auch sicherlich nicht zuträglich gewesen. Aber Herz bewies er in dieser Situation, ich bin ihm bis heute dankbar dafür, obwohl ich noch nicht einmal weiß, ob er noch lebt.

Im Februar '90, am Tag der Zeugnisausgabe, trat ich offiziell meinen Dienst an als Sonderschullehrerin z. A. Ganz neu war mir das Gebäude nicht, während der Ausbildung hatte es auch dort die ein oder andere Hospitationspflicht gegeben. Übrigens hörte ich das Schicksal hörbar kichern, als meine oben erwähnte Studienfreundin, deren Heimatort Hameln war, nach Ende ihres Referendariats aus dem hohen Norden abberufen wurde, um in HAMELN, ja, Sie lesen richtig, ihre erste Stelle anzutreten. So waren wir dann hier wieder vereint und ich dem nordischen Personalrat für sein Veto im Nachhinein doch sehr verbunden!

Mein neues Kollegium erwies sich als eine feierfröhliche sympathische Truppe, der das Wohl ihrer Schüler sehr am Herzen lag. Ich wurde in allem unterstützt und übernahm nach den Sommerferien meine erste eigene 3. Klasse. Es war herrlich, jetzt Klassenlehrerin zu sein und die Kinder auf einem Teil ihres Weges, der oft nicht einfach war, zu begleiten. Meine Klasse wuchs mir schnell ans Herz, es blieb Zeit, sich um jeden Einzelnen zu kümmern, ihn zu motivieren und Fortschritte zu beobachten. Oft mangelte es den Kindern an Selbstbewusstsein, auch wenn sich einige zeitweise provozierend benahmen. Sie waren in ihrem jungen Leben häufig schon Erlebnissen ausgesetzt gewesen, um die man sie nicht beneidete.

Im geschützten Rahmen der Sonderschule (die inzwischen Förderschule heißt und durch die sogenannte Inklusion verdrängt bzw. abgelöst wird) gab es die Möglichkeit, sie zumindest ein wenig Selbstwert und auch Selbstvertrauen aufbauen zu lassen. Nach all dem Scheitern, den Misserfolgen und der Versagerrolle gab es hier die Chance, Klassenbester zu werden oder wenigstens Rechenkönig. Natürlich haben es nicht alle geschafft, aber viele.

Mittlerweile hatte ich mich also sowohl in der Schule als auch im Städtchen gut eingelebt. Im Mai fand ich eine große bezahlbare Wohnung in der Nähe der Schule und zog um. Mein Vermieter erwies sich als warmherzig und großzügig. Wir mochten uns auf Anhieb und blieben uns bis zu seinem Tod recht verbunden.

Mit einigen Kollegen hatten sich auch private Kontakte entwickelt, einen davon heiratete ich einige Jahre später. Und mit ihm kam Amerika tatsächlich erneut in mein Leben – nur gänzlich anders, als ich es mir in meinen Teenieträumen ausgemalt hatte.

Der reiselustige Ehemann war und ist bis heute ein Globetrotter, wie er im Buche steht. Mit 21 das erste Mal als Austauschstudent in den USA ließ auch ihn das Land nicht mehr los. Er war es, der mich neugierig machte auf die Welt da draußen, auf exotische klingende Orte, wo ich bisher nur kleinste Reisen innerhalb Deutschlands und Europas unternommen hatte.

Er war es, der mich mitnahm auf Reisen rund um den Globus, erst mal anhand phantastischer Fotos, für die er es auf sich nahm, neben dem Gepäck zusätzlich eine 5 Kilo schwere Fototasche mitzunehmen. Und er war es, der mir von seinem texanischen Freund erzählte, den er wieder mal gerne besuchen wollte. Irgendetwas triggerte mich an und diesmal, in verlässlicher Begleitung, war ich bereit, mich auf das Abenteuer Amerika einzulassen.

„In den Weihnachtsferien geht's nach Texas!!" Himmel, war ich aufgeregt!! Die Vorfreude, das Kofferpacken, das Gefühl von Abenteuer – es war wirklich etwas Besonderes.

Dabei war Amerika zu diesem Zeitpunkt nicht meine erste Fernreise. Im Jahr zuvor hatte Indien als mein Reisewunsch auf dem Programm gestanden – vier Wochen mit komplett neuer Kultur, größter Hitze und meinem verzweifelten Versuch, in Neu Delhi die vermeintliche Fußgängerzone auszumachen. Jeder, der Indien schon mal bereist hat, wird leise kichern oder laut lachen ob meiner Unbefangenheit. Ich aber stellte mir vor, dass eine Hauptstadt, welchen Landes auch immer, eine Fußgängerzone bereithält für seine Gäste. Indien hielt viel bereit – Unglaubliches, Schräges, Ungewöhnliches, Buntes, Faszinierendes, Traumhaftes, auch Bestürzendes, aber westlich orientierte Shoppingmalls oder die oben erwähnte Fußgängerzone waren nicht darunter.

Stattdessen war Indien ein guter Lehrmeister in Sachen Geduld, Dankbarkeit und Mut. Und es hatte etwas gemeinsam mit Texas: Es polarisiert!

Darüber hatte ich mir zum damaligen Zeitpunkt noch keine Gedanken gemacht. Diese Erkenntnis kam mir auch erst später. Für mich bediente Indien zunächst einmal mein Faible für ungewöhnlich Unkonventionelles. Von dem ich damals genauso wenig wusste, dass ich es habe. Niemand aus meiner Familie hatte je das Bedürfnis, Indien zu erkunden. Und um ehrlich zu sein, war ich auch nicht mehr komplett mit meiner Reiseentscheidung einverstanden, als es dann wirklich losging. Der reiselustige Ehemann hibbelte vor Freude, während ich im Flughafen stand und dachte: „Warum fährst du nicht wie alle gemütlich an die Nordsee? Aber nein, du musst ja nach Indien."

Wieder verursachte die Angst vor meiner eigenen Courage wacklige Beine und den Wunsch nach „Ich bleib lieber hier". Aber dieses latent schlummernde Abenteuer-Gen ließ sich nicht vertreiben. Wie sehr die Knie auch weich wurden, letztlich siegte immer meine Neugier auf kleine Abenteuer und Herausforderungen. Auf nach meinem Maßstab Ungewöhnliches. Wer war schuld? Sie ahnen es bereits: die kleinen Rosinen im Kopf ...

Natürlich flogen wir und kamen unbeschadet, braun gebrannt, voller neuer Impressionen und vegetarisch ernährt zurück. Trotzdem stellte meine Mutter nach unserer Rückkehr am Flughafen fest: „Kind, du siehst ein bisschen erschöpft aus." Das war natürlich das Letzte, was ich als Begrüßung erwartet hatte. Dennoch hatte sie letztendlich Recht. Die Hitze, der Monsun und die damit verbundene hohe Luftfeuchtigkeit, das Menschengewühl, wenig Privatsphäre, der extreme Straßenverkehr, die Kühe in den Gassen, all die Gerüche, die komplett fremdartige Kultur und die zahlreichen Eindrücke nicht nur von Schönheit, sondern auch von Armut und zum Teil entstellender Krankheit hatten mich schon gefordert. Über Trillionen Moskitos möchte ich erst gar nicht reden ...

All das hielt mich allerdings nicht davon ab, Indien ein paar Jahre später erneut zu besuchen. Vorgewarnt, was mich erwartete, konnte ich das Land aus einer neuen Perspektive wahrnehmen; nach wie vor empfinde ich es als inspirierend und bereichernd. Und nach wie vor bleibt es für mich eine Herausforderung.

Aber zurück zu jenem Dezember im Jahr 1993, in dem ich wie noch nie die Ferien erwartete. In der Schule ist im Weihnachtsmonat immer viel los. In den Klassenzimmern wird der Adventskalender bestückt und geprobt für die Weihnachtsfeier. Es herrscht immense Aufregung, die Kinder in ihrer Vorfreude sind kribbelig und erwartungsvoll. Eifrig werden Bastelarbeiten gefertigt, Gedichte gelernt, Weihnachtslieder gesungen und selbst die Weihnachtsbäckerei fehlt selten. Weihnachtsduft strömt durch die Schulgemäuer, Plätzchen werden probiert und allerorten herrscht wilde Geschäftigkeit, damit selbstgemachte Geschenke für die Eltern doch noch rechtzeitig fertig werden. Auch der Nikolaus findet regelmäßig und vor allem klammheimlich das Schultor und in die Klassenzimmer, um die Kinder zu überraschen. Kurzum, es ist viel los und trotzdem soll neben all dem Trubel auch noch gelernt werden.

Doch auch die längste Geduldsprobe neigt sich irgendwann ihrem Ende zu. Als nun die letzte Weihnachtsfeier erledigt, das Klassenzimmer aufgeräumt, wenigstens so einigermaßen und wir die Schüler und Kollegen mit FROHE WEIHNACHTEN! verabschiedeten, konnte ich kaum glauben, dass es bald wirklich losgehen sollte.

Zuvor hatten wir emsig eingekauft, Gastgeschenke ausgesucht, das Schulenglisch ein wenig aufgefrischt und die üblichen Weihnachtsvorbereitungen getroffen. Der Heiligabend wurde generell bei meinen Eltern gefeiert, vorher ging's zu den Schwiegereltern. Hier wie dort wurde schlesische Weißwurst aufgetischt. Mit Pfefferkuchensoße, Kartoffeln und einer Art spezieller, sehr würziger Krakauer, die nur zu Weihnachten hergestellt wurde – bei Schwiegermutter. Ohne Soße, dafür mit Klößen, Kasseler und Sauerkraut bei meiner Mutter. Die kleine Weihnachtsfeier mit den Schwiegereltern endete grundsätzlich mit einem Grog und wir fuhren dem Song „Driving home for Christmas" entsprechend weiter zu meinen Eltern. Hier stand der Kirchgang auf dem Programm, danach das Weihnachtsessen Nr. 2 mit Nachtisch. Wer sich dann noch bewegen konnte, half beim Aufräumen der Küche. Solange das nicht erledigt war, gab's keine Bescherung. Also packten alle mit an, um dann den zweiten Teil des Weihnachtsprogramms genießen zu können.

Der startete mit einem Glas Sekt (weil man mit Sekt besser singen kann, fand meine Mutter). Sie liebte die Weihnachtslieder und alle Anwesenden versuchten ihr zuliebe die Töne wenigstens einigermaßen zu treffen. Auch der Zugang zu den Sektgläsern wurde jedes Jahr zum Running Gag.

Warum? Gerade in unserer Familie ging es recht traditionell zu und durch unser Viergenerationenhaus plus der angeheirateten Verwandtschaft war die Anzahl der Geschenke eher üppig bemessen. Alles lag vor unserer Schrankwand im Wohnzimmer und verdeckte über die gesamte Breite den Zugang zu den Gläsern. Jedes Jahr hatte ich die ehrenvolle Aufgabe, die benötigten Sektflöten zu „angeln", obwohl wir uns jedes Mal vornahmen: „Im nächsten Jahr passiert uns das nicht wieder!" Hat nichts genützt. Es gehörte irgendwie dazu, sorgte zuerst für augenzwinkerndes Kopfschütteln und dann für Heiterkeit.

Nach Sekt und Gesang gab es eine von mir vorgetragene Geschichte (O-Ton Mutter: „Kind, du bist doch Lehrerin. Nun mach mal! Such etwas Schönes aus!") Also las ich vor dem inzwischen hell strahlenden Weihnachtsbaum mal Heiteres, mal Besinnliches, mal Witziges und mal Nachdenkliches.

Erst dann folgte die Bescherung, die sich durch die erhöhte Anzahl unserer doch größeren Familie fast den gesamten Abend hinzog. Jetzt liefen im Hintergrund Weihnachtslieder auf CD, jetzt durfte man sich am bunten Teller bedienen und Omas meisterliche Pfefferkuchen naschen. Der Anschnitt von Mutters Weihnachtsstollen und der Satz meiner Großeltern: „Nun wollen wir mal nach oben gehen. Vielen Dank an all die Weihnachtsmänner!", bildete meist gegen Mitternacht den Abschluss. Auch mein Bruder samt Partnerin fuhren dann heim, während der reiselustige Ehemann und ich oft noch blieben, mit meinen Eltern bis morgens um halb drei klönten und erst dann durch die Christnacht den Heimweg antraten. Manchmal hatte es geschneit, oft jedoch nicht, aber immer standen da festlich geschmückte beleuchtete Tannenbäume, teils in den Stuben und teils in den Gärten. Jedes Jahr zählten wir sie, vertrieben so unsere Müdigkeit und erfreuten uns daran sowie an diesem wieder mal sehr gelungenen Heiligabend.

Im Rückblick auf diese Zeit gehören solche Erlebnisse zu meinen schönsten und wertvollsten Erinnerungen. Wenn ich jetzt bereits im August die Lebkuchen in den Supermärkten sehe, und nicht nur in diesem Zusammenhang, frage ich mich, ob wir unseren Kindern heute nicht viel kaputt machen durch Voreiligkeit. Sollte es so sein, wäre es sehr schade.

An diesem Weihnachten 1993 verabschiedeten unsere Eltern uns besonders herzlich, wünschten uns eine gute Reise und sagten: „Kommt gesund wieder! Und meldet euch mal!!!!"

Am zweiten Feiertag sollte es losgehen. Während der reiselustige Ehemann am 1. Feiertag noch entspannt zum traditionellen Frühschoppen entschwand („Na klar gehe ich da hin, hab' doch noch nie gefehlt. Ist doch auch noch Zeit!") kümmerte ich mich um die wichtige Frage: Was nehme ich bloß mit??? Zwar lag ein Teil der Sachen schon bereit, aber ich konnte die Menge des Gepäcks nicht wirklich gut einschätzen. Dazu kam der Temperaturunterschied. Soviel Winter wie bei uns erlebt Texas nicht. Als der reiselustige Ehemann am frühen Nachmittag wieder die Wohnung betrat, befand sich seine Beinahe-Ehefrau aufgrund Entscheidungsschwäche in heillosem Klamottendurcheinander und dem Nervenzusammenbruch nah: „Nie kriege ich DAS alles mit! Wir brauchen Übergepäck!!!!"

Der ließ sich dadurch nicht beirren, zauberte zuerst seine eigene Kleidung samt vielfältiger, dringend notwendiger Accessoires in seinen Koffer, erinnerte sich der großen Medikamentenkiste, die auch noch mit musste (denn: „Man kann ja nie wissen …") und bemühte sich danach, mir reiseerfahren und sachkundig zur Seite zu stehen.

Soviel sei an dieser Stelle verraten: Das Chaos der 1000 Kleinigkeiten, die sich beim Kofferpacken auf unserem Bett tummeln, hat sich selbst nach 25 Jahren nicht wirklich geändert. Immer kommen wir an den Punkt, uns Haare raufend zu fragen: „Wie sollen wir das nur alles noch schaffen?" Aber es geht. Immer! Selbst wenn nur noch zwei Stunden Schlafenszeit blieben: Klingelte der Taxifahrer frühmorgens, um uns zum Flughafen zu bringen, waren wir bereit. Und nie, Ehrenwort, haben wir jemals einen Flieger verpasst. Komischerweise gelingt uns im Alltag dies perfekte Zeitmanagement – zum „Leidwesen" meines Vaters – nur selten.

Am späteren Abend des 25.12.1993 war es dann wirklich geschafft, die Koffer standen fix und fertig an der Tür und ein kleines Täschchen mit speziellem Inhalt gehörte ebenfalls dazu. Extra als Reminiszenz an Texas hatte ich mir Hot Pants (war damals wirklich Mode!!) verziert mit silbernen Sternen gekauft. Und da es in Texas ja wärmer sein sollte, war mein Plan, die dicken deutschen Wintersachen beim Umsteigen in Houston zu wechseln und stattdessen, abhängig von dortigen Temperaturen, kurze Höschen zu tragen.

Und mit dicken deutschen Wintersachen mussten wir auch fahren. Es hatte geschneit in Hannover, das Thermometer zeigte ein Grad. Dem kleinen Cityhopper war es so kalt, dass er enteist werden musste, bevor er sein Okay zum Start gab. Dann trug er uns aber sicher nach Amsterdam. Auf dem dortigen Flughafen lernte ich dann zum zweiten Mal meinen speziellen Reisekribbel kennen.

Reisekribbel heißt für mich: Etwas Großes steht an, Abenteuer wartet, leider auch meist längere Flugzeiten, die der reiselustige Ehemann über alles liebt, ich jedoch bis heute als notwendiges Übel betrachte. Aufgrund des bereits erwähnten „Ich-bin-so-gerne-unterwegs-Gens“ nehme ich es aber gern in Kauf. Und dank guter Filme, lesenswerter Bücher, dem ein oder anderen kleinen Plausch und der meist guten Verpflegung samt einer gewissen Menge an Alkohol lassen sich dann auch zweistellige Flugzeiten ertragen.

Und hilft alles nichts, kann man ja auch mal schlafen. Wenn man kann … Meistens kann ich.

Nach knapp 10 Stunden Flugzeit ab Amsterdam landeten wir zwischen: in HOUSTON!! Allein die Ankündigung der netten Stewardess habe ich bis heute im Ohr: „Verehrte Fluggäste, soeben sind wir gelandet. Willkommen in Houston. Die örtliche Zeit beträgt 13.20 Uhr, draußen herrschen angenehme 18 Grad. Wir freuen uns, dass Sie unsere Gäste waren hier an Bord und wünschen Ihnen einen angenehmen Aufenthalt oder eine sichere Weiterreise. Auf Wiedersehen und good bye!”

Können Sie sich vorstellen, wie es mir in diesem Moment ging? Es war Gänsehaut pur!!

ICH WAR IN AMERIKA!!! WIRKLICH!!! SO RICHTIG!!!

Mein Traum machte sich auf, Realität zu werden!!! Es hatte lange gedauert, aber nun war jener Moment da und ich genoss ihn in vollen Zügen. Der reiselustige Ehemann wurde mehrfach aufgefordert, mich zu kneifen. Aber es blieb dabei: Houston – Ich – Hier!

Die Anschnallzeichen im Flieger erloschen, wir griffen unser Handgepäck aus den Overhead Lockers, ein glückliches „bye bye" meinerseits zum Personal und dann ging's hinaus in den Transitbereich, denn ein Anschlussflug nach Austin stand noch an. Dort sollten wir dann vom Texas-Freund abgeholt werden.

Wenn Sie, liebe Leser, mit dem Begriff GLÜCKSELIGKEIT etwas anfangen können, dann können Sie nachvollziehen, was sich in mir bzw. meinem Körper abspielte. Ich hätte die ganze Welt umarmen können, begnügte mich aber mit dem reiselustigen Ehemann. Schließlich war er in meinem Fall derjenige, der meinen Amerikatraum auf diese Art ermöglicht hatte.

Obwohl ich mich wie Eliza Doolittle in MY FAIR LADY fühlte, verzichtete ich darauf, lauthals „I could have danced all night" zu singen, sondern setzte behutsam und sehr bewusst einen Schritt nach dem anderen, während wir uns unseren Weg Richtung Transithalle bahnten. „Ich bin tatsächlich in Houston!", jubelte ich stattdessen innerlich und strahlte mit Sicherheit über das ganze Gesicht. Damals, als ich fast neun Jahre alt war, verfolgte ich voller Ehrfurcht und Begeisterung die Mondlandung und den Astronauten Neil Armstrong, dem es vergönnt war, als erster Mensch den Mond zu betreten. Glauben Sie mir, für mich war ein ähnlicher Moment, wenn auch mit völlig anderem Vorzeichen. „Ein kleiner Schritt für die Menschheit, ein großer für mich!" Mein Herz pochte wie wild. In mir herrschte eine bis dahin nie erlebte Seelenfreude.

Flink zog ich mich um, damit ich Texas in meinen Sternenbermudas angemessen begrüßen konnte, während ich standesgemäß vom ersten texanischen Weihnachtsbaum empfangen wurde.

Gegen 16 Uhr Ortszeit verließen wir Houston, um dann nach halbstündigem Flug in Austin, dem Ziel unserer Texasreise, zu landen. Nach einer entspannten Einreise in der „Blue Line" und unserer Gepäckabholung eilten wir Richtung Ausgang, erwartungsvoll (der reiselustige Ehemann) und sehr aufgeregt (ich).

Zumindest meine Aufregung war völlig umsonst. Wir wurden aufs Herzlichste begrüßt und überraschenderweise brachte der texanische Freund seine Freundin mit. Bei Beverly und mir war es „Liebe auf den ersten Blick", bis heute sind wir, ohne uns häufig zu sehen, ein Herz und eine Seele.

Es passte einfach mit uns Vieren, denn auch Ehemanns Freund erwies sich als sehr sympathisch und liebenswert. Unsere englische Unterhaltung holperte zunächst noch, aber wo der Begriff fehlte, benutzten wir Hände und Füße. War die Pantomime ausgereizt, tat es zur Not auch mal eine französische oder spanische Vokabel. Jedenfalls verstanden wir vier uns im wahrsten Sinne des Wortes prächtig.

Interessanterweise machte sich bei mir schon in Houston, aber genauso in Austin, ein Gefühl breit, was ich noch nie und auch auf vielen späteren Reisen (in andere Gefilde und auf anderen Kontinenten) nie wieder erlebte:

Das Gefühl, ich komme nach Hause.

Dieses Gefühl hat mich seitdem nie mehr verlassen. Und wann immer ich es möglich machen konnte: Wenn der reiselustige Ehemann mich fragte: „Wo soll's denn hingehen in den Ferien?", war meine stereotype Antwort: „Nach Amerika – nach TEXAS!!" Und auch, wenn wir zwischendurch andere Ziele angesteuert haben: Ich versuche seit nunmehr 25 Jahren, wenigstens einmal im Jahr Texas zu besuchen oder zumindest Amerika.

Ich liebe einfach den American Way of Life: die offene, freundliche und unkomplizierte Art der Amerikaner, höflich und hilfsbereit, die riesigen Supermärkte mit ihrem phantastisch vielfältigen Warenangebot, die großzügig angelegten Einkaufsmalls, die amerikanischen Häuser mit den großen Kühlschränken (die Eiswürfel ausspucken), die Adirondeck-Chairs auf der Veranda, die Naturschönheiten, die mich manchmal sprachlos machen ob ihrer Schönheit, all die Sehenswürdigkeiten, die unglaublichen Museen, das Outdoor-Leben, die komfortablen Autos und selbst die Nationalhymne. Und ich könnte noch viel mehr aufzählen …

In Texas begeistern mich dazu u. a. noch die Weite des Landes und das erlebbare Cowboyfeeling samt Hüten und Stiefeln, die man auch im Alltag sieht. Ich bin großer Fan der leckeren Tex-Mex-Küche (ich liebe Onion Rings und Okraschoten) und ein Steak bestelle ich mir nur in Texas, es gibt keine besseren!! Meist wird vorweg eine Frozen Strawberry Margerita mit Tortilla Corn Chips und Salsa angeboten.

Mit dem Auto das Land erkunden, Countrymusik im Radio, mitsingen, anhalten können, wo man mag und wo es einem gefällt, einen großen aromatisierten Kaffee in der Mittelkonsole und die Icebox im Kofferraum, dazu Souvenirs en masse.

Das ist MEIN TEXAS!

Das ist MEINE FREIHEIT!

IMMER!

Und jedes Mal wieder!!

BIS HEUTE!

MEIN TRAUM-TAGEBUCH

In diesem Kapitel beschreibe ich, wie die Idee des „Texas-Buches“ als Traum in mein Leben kam, welche Möglichkeiten zur Verwirklichung sich auftaten und wie ich den Mut fand, mit dem Schreiben zu beginnen. Ich thematisiere 25 Jahre Texas als „Silberhochzeit“ und als Liebeserklärung.

Wenn Sie, liebe Leser, sich jetzt fragen, wie es zu meinem „Traum-Tagebuch“ kam – hier ist die Antwort:

Zunächst einmal möchte ich ehrlich sein und zwei Fakten gestehen: Es war weder ein Tagebuch geplant geschweige denn ein Traum. Träume kann man sich nicht vornehmen und die typische Tagebuchschreiberin war und bin ich bis heute nicht.

Im Schulalltag hatte ich genug zu tun mit dem Schreiben von Unterrichtsvorbereitungen, dem Korrigieren sowie dem Ausarbeiten von Arbeitsmaterial in diversen Unterrichtsfächern. Förderschullehrer sind auf ihre Art irgendwie Zehnkämpfer, auch wenn es natürlich bestimmte Vorlieben für eigene Neigungsfächer gibt. Es herrschte Klassenlehrerprinzip. Klasse und Lehrer wuchsen oft zu Teams zusammen, die motiviert miteinander arbeiteten und sich meist erfolg- aber auch tränenreich voneinander verabschiedeten.

Jede Entlassfeier, aber auch die Neuübernahme einer Klasse lief nach dem Motto: „Jedes Ende ist der Beginn von etwas Neuem.“

Die Sommerferien fungierten dabei als Pufferzone für TIME TO SAY GOOD-BYE und HELLO AGAIN.

Dazwischen lagen sechs wundervolle Wochen des Lebens ohne Schulrhythmus und ohne den speziellen Geruch des Schulgebäudes. Auch an den – oft immensen – Geräuschpegel, der im Laufe des Tages eher anschwoll denn abnahm, gefüllt mit fröhlichem Geplapper oder auch wilden Beschimpfungen, je nach Tagesform der Schüler. Da zeitweise bis zu 17 Nationalitäten bei uns unterrichtet wurden, erzeugten sie ein stetig munteres Durcheinander.

Überhaupt war unser Sonderschulalltag schon ein Eintauchen in eine andere Welt. In eine KOMPLETT andere!

Manchmal vergleiche ich sie mit meiner bereits erwähnten Indienreise. Auch hier tauchte ich in ein Umfeld ein, das nur schlecht zu beschreiben ist. Am besten ist, es erlebt zu haben. Alle Sinne werden angesprochen, man blickt sich um und staunt.

Manchmal schüttelt man den Kopf. Und manchmal möchte oder muss man sich entsetzt abwenden.

Tatsache ist: Es berührt. SO oder so. Mich berührte es immer SO, also im Herzen.

Auch wenn jede neue Klasse sich wie eine Wundertüte anfühlte, fand ich es doch immer wieder spannend zu erleben, wie einzelne Schüler sich im geschützten Raum unserer Schulform neu sortierten und die Chance auf einen Neuanfang nutzten. In der Ruhe, in der sie lernen konnten und ohne Druck – sprich Versagensangst – entwickelten etliche Schüler ein neues Zutrauen in sich. Sie erlebten teils kleine, teils größere Erfolge und konnten zum Klassenbesten avancieren, statt immer hinterher zu hängen. Dadurch gelang es ihnen, in sich einen Selbstwert zu finden, der innerhalb ihrer Ursprungsfamilie eher verdeckt oder überlagert wurde.

Dennoch will ich nicht verhehlen, dass die Arbeit, so erfüllend sie auch war, Kraft kostete. Wenn wir alle miteinander fleißig gearbeitet hatten, war ich als Klassenlehrerin jedoch in der Lage, als Ausgleich ein Kunstprojekt o. ä. zu starten, um von der vornehmlich kognitiven mal wieder auf die kreative Seite der Schüler einzugehen. Diese dankten es mit phantasievollen Zeichnungen, farbenfrohen Seidenmalereien, lustig bunten Perlenkreationen und vielfältigen Collagen. Bei einem Wettbewerb gewannen wir mit einem gemeinsamen Klassenprojekt „Hameln blüht auf" den 1. Preis und der Grundstock für unsere Klassenfahrt nach Paris war gelegt, sehr zur Freude meiner Schüler, denn gemeinsame Reisen bildeten immer Highlights der Schulzeit.

Im Rahmen der Lehrpläne und der Vorgaben meines Beamtendaseins hatte ich die volle Verantwortung für meine Klasse, aber auch die Entscheidungsfreiheit. Und so, wie ich meine Lehrtätigkeit ausübte, mit Herz, Verstand und oft ersatzmütterlichen Qualitäten, genoss ich 20 Jahre lang tolle Klassen. Ich liebte meine Schüler, auch wenn sie mir manchmal den sprichwörtlich letzten Nerv raubten. Doch dank meines Talents, an jedem Schüler wenigstens eine liebenswerte Eigenschaft zu finden und schätzen zu können, war ich mit meiner beruflichen Situation im Großen und Ganzen zufrieden.

So hätte es die nächsten 20 Jahre weitergehen können. Ist es aber nicht. Einen aus meiner Sicht entscheidenden Einschnitt bildete die Unterschrift, die Deutschland unter einen Vertrag setzte. Unter ein Papier, dass Deutschland als eines der letzten Länder unterzeichnete: die UN-Behindertenrechtskonvention von 1993, in der die „Inklusion", d. h. die gemeinsame Beschulung aller Schüler, unabhängig von kognitiver Leistungsfähigkeit und körperlicher und psychischer Konstitution, im Regelschulsystem umgesetzt werden musste. Das stellte nicht nur Niedersachsen als zuständiges Land schulpolitisch, sondern auch uns, die Absolventen des Studiengangs Lehramt an Sonderschulen vor größere Herausforderungen. Inzwischen hießen wir schon nicht mehr Sonder-, sondern Förderschullehrer und unsere Schule wurde zum Förderzentrum.

Trotz oft anstrengendem Förderschulalltag hatte ich Freude an meinem Beruf und an meinen Schülerinnen und Schülern. Ich sah ihren und meinen Erfolg und genoss in gewissem Rahmen die Unabhängigkeit bezüglich Didaktik und Methodik. Vor allem aber die Selbstbestimmtheit im Klassenraum und die damit verbundenen Gestaltungsmöglichkeiten. Ich konnte agieren und reagieren, so wie es gerade nötig erschien oder ich es für sinnvoll erachtete.

Durch die Umsetzung der Inklusion veränderte sich jedoch meine berufliche Wirklichkeit immens. Gewohnte Tätigkeiten verschwanden, veränderten sich oder wurden durch neue ersetzt. Talente, die mich bisher darin unterstützen, erfolgreichen Unterricht durchzuführen, wurden durch die neue Arbeitssituation schlichtweg nicht mehr gebraucht. Und so besuchte ich Dutzende von Seminaren und absolvierte diverse Zusatzausbildungen, um den veränderten Anforderungen an mich gerecht zu werden.

Jeder dieser Inhalte, die ich neu lernte, war hilfreich, und trotzdem empfand ich meinen Arbeitsalltag in der Schule als nicht mehr ganz so erfüllend wie vorher.

So fing ich nach geraumer Zeit an zu überlegen, worin wohl die Lösung meines Problems liegen könnte, um mir weiterhin, auf welche Art auch immer, meine Arbeits- und Lebensfreude zu erhalten.

Die erste hieß: Kultusministerin zu werden. Leider fehlten mir dazu das nötige Parteibuch und die politische Erfahrung.

Die zweite hieß: Staatssekretärin zu werden bei meiner Freundin, die in kühnsten Visionen „im Spaß?“ das Kultusministeramt anstrebte, um hoffnungsvoll neue, inhaltlich sowie finanziell sinnvolle Konzepte zu entwickeln. Es ergab sich aber auch nicht, da besagte Freundin bis heute zwar viel auf die Beine stellt, aber in meinem Leben inzwischen längst einen anderen Platz hat.

Die dritte hieß: Berufliches Coaching auszuprobieren, getreu dem Motto der Bestseller-Autorin Barbara Sher: „Ich könnte alles tun, wenn ich nur wüsste, was ich will.“

Zu diesem Zeitpunkt wusste ich leider eher, was ich NICHT wollte.

Da ich allerdings überzeugt war, früher oder später eine „vernünftige Lösung“ zu finden, eben so, „wie es sich gehört“, verbrachte ich manchen Nachmittag und etliche Nachtstunden grübelnd. Eine verwertbare Idee stellte sich dabei nicht ein, nur Kopfschmerzen. Klar – es machte mir zunehmend mehr Druck, zu denken und zu denken, ohne einer neuen Möglichkeit geschweige denn einer wirklichen Lösung näher gekommen zu sein.

Was ich jedoch verblüfft beobachtete, war die Tatsache, dass ich immer häufiger zu Zeitschriften griff, die auf ihren Titelseiten ermunterten, dem Weg des Herzens zu folgen. Oh ja, das sprach mich an, das gefiel mir! Schlüsse zog ich daraus nicht. Manche Magazine forderten sogar auf: „Lebe deinen Traum!“

„Toll“, dachte ich. „Würde ich ja gern, aber das geht nicht. Ich kann doch nicht raus aus meinem Job! Irgendwo muss das Geld ja herkommen.“

„Jetzt komm' mal wieder auf den Boden der Realität! Sei froh, dass du so einen guten Job hast!“, rief ich mich also zur Ordnung. Nur zur Ruhe kam ich damit nicht.

Denn eine kleine innere Stimme wisperte immer mal wieder: „Dem Herzen folgen, seine Träume leben ...!“ SIE ließ mich einfach nicht mehr in Ruhe. Und natürlich – je mehr ich sie zu ignorieren versuchte, desto eindringlicher wurde sie. Als ich mir endlich eingestehen konnte, keinerlei zufriedenstellende Lösung gefunden zu haben, zeigte ich ihr die weiße Fahne. Sie kicherte hörbar, vermutlich, weil sie bereits wusste, dass ich eines Tages kapitulieren würde. Die kleine Stimme blieb auch weiterhin Siegerin, obwohl ich dachte, sie austricksen zu können.

Ich buchte mir nämlich ein berufliches Coaching in der Annahme, mit gezielt fachkundiger Unterstützung doch noch mit einer vernünftigen, also kopfgesteuerten sinnvollen Idee wieder nach Hause zu fahren.

Erwartungsfroh ging's in den Norden Niedersachsens, dort, so hoffte ich, würde mir jemand schon sagen, was ich tun könnte, um die Freude am Beruf wiederzufinden. Also erzählte ich auch dort meine Geschichte, alles, was ich an meinem Beruf mochte, aber auch die veränderten Bedingungen, mit denen ich nicht gut klar kam. Die Business Coachfrau hörte mir genau zu, erkundigte sich nach einigen Details, wir notierten den Sachverhalt und dann erstaunte sie mich mit der Frage: „Was wäre denn Ihr Traum?"

Auf Anhieb fiel mir DAZU überhaupt nichts ein. Traum??? Habe ich überhaupt einen Traum? Und wenn ja, welchen?

Wie gesagt, auf solch eine Frage war ich überhaupt nicht vorbereitet, dementsprechend mager fiel meine Antwort aus: „Äh, mhh. Ich weiß nicht. Ich glaub, ich habe gar keinen. Höchstens ein Haus in Amerika, die finde ich so toll! Aber das hilft mir hier überhaupt nicht weiter. Ich kann ja hier nicht weg. Allerdings: Von Ferien zu Ferien leben gefällt mir schon gleich gar nicht. Mein Beruf ist mir schon wichtig und ich möchte meine Aufgaben wieder mehr mögen. Ist doch schließlich alles Lebenszeit!"

Mein Gegenüber schaute mich ruhig an und erklärte mir dann: „Man merkt Ihnen sehr genau an, dass Sie Ihren Beruf mögen und Ihre Schüler Ihnen wichtig sind. Aber Sie sind nicht mehr im Gleichgewicht. Bei Ihnen dreht sich alles nur noch um Schule, die Schüler und das Schulsystem. Langfristig endet sowas oft im Burnout. Deshalb: Schaffen Sie sich einen Ausgleich! Suchen Sie sich etwas, was Sie begeistert und Ihr Herz zum Singen bringt! Damit kommt neue Lebensfreude auf, die sich dann auch wieder auf Ihren Arbeitsalltag auswirkt!"

Ich muss eher entgeistert geguckt haben ob dieser Botschaft, zumal mir ihr Inhalt keineswegs neu war. Ich dachte nur bis zu dem Zeitpunkt, er träfe auf mich nicht zu.

Also fuhr mein Coach fort: „Sie haben schon so viel nachgedacht, ohne dass Sie zu einem zufriedenstellenden Ergebnis kamen. Jetzt probieren Sie es mal anders. Fragen Sie nicht Ihren Kopf, sondern Ihr Herz nach einer Lösung. Träume, Tagträume, Wunschträume sind dafür ein wunderbares Mittel. Erlauben Sie es sich. Alles ist möglich in Ihrer Phantasie. Trauen Sie sich zu träumen! Jeder Mensch hat Träume, nur sind sie oft so verschüttet, dass man sie gar nicht mehr wahrnehmen kann. Trotzdem sind sie da. Machen Sie sich auf die Suche nach ihnen! Nur Mut! Ich zeige Ihnen jetzt ein paar Übungen, mit denen Sie Ihren Träumen auf die Schliche kommen können. Nehmen Sie sich auch zu Hause immer mal wieder die Zeit dafür und haben Sie ein wenig Geduld. Sie werden sicherlich Überraschendes erleben!"

So arbeiteten wir den Rest der Zeit nach unterschiedlichen Strategien und fassten meine Erkenntnisse auf einem Flipchartbogen zusammen, den ich mit heimnahm.

Was ich nicht bekam, war eine Fremdlösung. Ich hatte mir ja vom Coaching versprochen, danach genau zu wissen, was ich tun muss. Stattdessen fuhr ich heim ohne einen blassen Schimmer, wie es für nun weitergehen sollte.

Was dieser Tag aber letztendlich für mich beinhaltete, war genial. Nicht nur eine neue große Teetasse mit dem Schriftzug Osnabrück nahm ich als schöne Erinnerung mit, sondern irgendwie auch die sich ziemlich rebellisch anfühlende Erlaubnis, mich mal wieder mit den „verbotenen Rosinen" zu beschäftigen, die offensichtlich doch tief in meinem Innern so vor sich hinschrumpelten.

Sollten die etwa zur Lösung beitragen? Je länger ich mich während meiner neu eingeführten „Teezeit mit Osnabrück" damit beschäftigte, desto ruhiger und zuversichtlicher wurde ich.

Was ich ebenfalls vom Coaching mitnahm, war eine diffuse Hoffnung. Die Hoffnung, das Richtige werde sich schon zeigen, wenn ich nur überhaupt mit der „Rosinenernte" erst mal anfinge. Also startete ich unterschiedliche

Miniprojekte, mit denen ich zuvor immer mal wieder geliebäugelt hatte. Häufig entwickelte sich daraus dann eine Art Kreativität, die mein Energielevel ansteigen ließ. Damit fühlte ich mich wohler und selbst mein Blutdruck stand nicht mehr so unter Druck.

Bis zu jenem Zeitpunkt hatte ich mir gerade die inspirierenden Aktivitäten oft mit der Entschuldigung versagt, ich sei zu müde. Jetzt durfte ich erleben, wie umgekehrt ein Schuh draus wurde.

Ein Anfang war gemacht. Es war für mich wie ein AHA-Erlebnis:

Tue Dinge, die dir Freude und Spaß bringen, damit erhöht sich dein Energielevel und vieles, was dich anstrengt, geht dir jetzt leichter von der Hand.

Ohne diese eigene Erfahrung hätte ich das keinem geglaubt.

Daraufhin trauten sich dann einige „Rosinen-Ideen“ mutig ans Tageslicht. Die, ein Buch zu schreiben, war noch nicht dabei.

Aber wie schon mehrfach erlebt und im Nachhinein betrachtet, griff an dieser entscheidenden Weggabelung wieder einmal „etwas“ in mein Leben ein. Getreu dem Motto: „Dem Gehenden schiebt sich der Weg unter die Füße“ (Zitat Martin Walser) passierte Erstaunliches:

In diesem Fall sendete es mir Werbung von Amazon auf den PC, ohne dass ich darum gebeten, geschweige denn danach gesucht hatte. Jedenfalls nicht bewusst. Generell neige ich dazu, Werbung, noch dazu unnötige, sofort zu löschen. Und was sollte ich mit der Anzeige eines Ratgebers „Bücher schreiben mit Herz“?

Während sich mein Finger der Löschtaste näherte, durchzuckte mich ein Impuls: Buch – schreiben – Herz – hmm … Es machte mich doch neugierig, also rief ich kurz die entsprechende Webseite auf und las dort: „Mit deinem Buch zum Expertenstatus“.

Tja, schade eigentlich, aber ein Expertenbuch über Schule, gar über Inklusion? Das wäre das Letzte, womit ich mich gern beschäftigt hätte. Dabei wäre ich in der Lage gewesen, durch alle meine Fort- und Weiterbildungen bedingt, viele nützliche Hinweise zur besseren Gestaltung und Umsetzung der Inklusion zu geben. Aber egal, auf welcher Ebene ich die Verantwortlichen auch ansprach, es herrschte kein Interesse. Vielleicht war es einfach der falsche Zeitpunkt, aber wahrscheinlich gab es andere Gründe, über die ich keine Kenntnis habe.

TROTZDEM behielt ich diese scheinbar nicht passende Mail dem ersten Impuls folgend auf meinem Email-Konto. Sie rutschte zwar immer weiter nach unten, überstand aber jegliche Aufräum- und Löschaktion meinerseits. Dennoch geriet sie zunehmend mehr in Vergessenheit. Die Arbeit in der Schule mit all ihren vielfältigen Anforderungen stand nach wie vor im Mittelpunkt. Die oben erwähnten Miniprojekte brachten mir neue Energie und Freude, die Arbeit in den Schulen fiel mir wieder leichter. Aber der große Traum, etwas wirklich Spezielles, hatte sich bisher nicht gezeigt.

Doch das sollte sich schlagartig ändern. Eines Nachts im Oktober 2017 rief sie (die Mail) sich ziemlich massiv in Erinnerung. Als Traum. Farbig. Eindringlich. Real!

So intensiv, dass ich nach meinem Erwachen, jedoch noch ziemlich schläfrig, den Drang verspürte, alles aus dieser noch sehr präsenten Erinnerung an diesem Traum aufzuschreiben. Schnell, damit er mir nicht wieder entglitt.

Zur Sicherheit erzählte ich wenig später beim Frühstück dem reiselustigen Ehemann davon. Er sah mich erstaunt und leicht belustigt an: „Du hast von einem Buch geträumt?“ „Ja“, strahlte ich und erzählte begeistert: „Ja, ich hab's geträumt. Heute Nacht!! Ein Buch! MEIN Buch! **MEIN BUCH ÜBER TEXAS**. Sogar das Cover! In Farbe!!“

Der reiselustige Ehemann war zwar einiges von mir gewöhnt (ja, ja, einzelne Rosinen ...), aber jetzt zeigte er sich doch überrascht.

„Du hast von einem Buch geträumt? Einem Texasbuch? Willst du das kaufen??? Warum???“

„Nein“, freute ich mich. „Ich könnte es schreiben! Ich hab’s geträumt! Heute Nacht hatte ich diesen Traum!! Wir haben soviel wundervolle Zeit dort verbracht, deine Fotos nehme ich dazu, du hast Tausende. Wie findest du das???“ Erwartungsvoll blickte ich ihn an. Er grinste und ich konnte sehen, wie es in ihm arbeitete.

Ich legte nach: „Kannst du dich erinnern? An mein Coaching im Januar! Da hieß es für mich: Gehen Sie auf die Suche nach IHREM TRAUM. So richtig wusste ich doch damals keinen. Aber jetzt! Es macht mich sooo glücklich, dass er sich gezeigt hat!! Nie wäre ich auf diese Idee gekommen!! Aber jetzt hab’ ich’s!!“

Während ich um den reiselustigen Ehemann herumtanzte voller Glücks-Endorphine, überschlugen sich die Bilder und Eingebungen in meinem Kopf. „Was hältst du davon? Ich stell mir das so vor und so und so und … Das könnte ich auch machen und überhaupt, ein Traum wäre ein Date in Waco mit Fixer Upper und …“ „Stop“, rief der reiselustige Ehemann. „Gönn mir mal ein paar Sekunden Ruhe, ich komme ja gar nicht hinterher!“

Trotz meiner berufsbedingten Geduld mit Schülern fehlt sie mir manchmal im Privaten. Plötzlich auftauchende Euphorie erfordert schnelle Reaktion und promptes Handeln, soviel wusste ich inzwischen über mich.

Der reiselustige Ehemann glücklicherweise auch, denn schon nach ein paar Augenblicken erwiderte er: „Na, warum eigentlich nicht? Vielleicht ist das die Lösung, nach der du ’gefragt’ hast? Ist zwar ungewöhnlich, aber passt zu dir. Find’ ich cool! Dann leg’ mal los!“

Aber, Sie ahnen es, natürlich legte ich nicht gleich los. Zunächst erschrak ich gehörig! Was hatte sich da plötzlich ergeben? Ich hatte mir ja mehr Kreativität im Leben gewünscht. Aber so?? Mein innerer Zweifel, mir bis dahin sehr vertraut, machte sich bemerkbar mit 'hilfreichen' Entmutigungssätzen wie: Bist du des Wahnsinns, das kannst du nicht. Du hast noch nie ein Buch geschrieben, noch nicht mal ein Backbuch. Auch keinen Blog. Selbst Briefe schreibst du nicht mehr. Die zwei Gedichte kann man nicht zählen. Und jetzt soll's ein Buch sein? ROSINEN!!! Rosinen, die als Traum verkleidet daherkommen!

Es ging turbulent zu in meinem Kopf. Gedanken tauchten auf, zogen vorüber und verschwanden wieder. Die „Tu es bloß nicht!-Stimmen" wetteiferten mit den „Warum eigentlich nicht?-Stimmen". Erstere waren oft zu hören, letztere wurden immer intensiver.

Darüber bin ich bis heute froh, denn sie brachten mich in die Lage, über das WARUM EIGENTLICH NICHT? nachzudenken. Und langsam ein Gefühl dafür zu bekommen, was wäre, wenn …

- Was wäre, wenn ich wirklich meine gesammelten Erlebnisse aus Texas aufschreiben würde?
- Was wäre, wenn ich mich mit meinem Land der Träume wirklich mal auseinandersetzen würde?
- Was wäre, wenn ich die „Mein TEXAS"-Geschichten mit Fotos des reiselustigen Ehemanns anreichern und illustrieren würde?
- Was wäre, wenn ich all das Erlebte in einem Buch verarbeiten würde als meine LIEBESERKLÄRUNG an TEXAS für 25 wundervolle Jahre?
- Was wäre, wenn ich diese 25 Jahre wie eine Silberhochzeit empfände und das Buch „meinem" Texas zum Geschenk mache? So als Dankeschön?

Es wäre grandios! Es wäre phantastisch!! Es wäre ein Traum – Ich habe ihn tatsächlich gefunden! – Meinen Traum!!!

Als ich merkte, dass diese Überlegungen einige Zeit später tatsächlich in ein Herzklopfen übergingen und sich eine sehr spezielle intensive Freude in mir ausbreitete, eine Seelenfreude, da realisierte ich langsam und überrascht von mir selbst: Ich glaub, ich tu's! Ich glaub, ich trau mich. Zumindest ein ganz verschämtes Bisschen traue ich mich. Das musste für den Anfang reichen.

Pünktlich zu diesem Zeitpunkt erinnerte ich mich an jene aufgehobene Werbe-Mail, die schlummernd am unteren Ende des Mailkontos darauf wartete, nützlich werden. Jetzt bekam sie ihren Auftritt und ich damit, dass ich die Autorin googelte, weitere Informationen, die mich darin bestärkten, meinen „Ich schreibe ein Buch-Weg" nun weiter zu gehen. Beim Stöbern auf der Website und dem dazugehörigen Blog stellte sich nämlich heraus, dass die Autorin gleichzeitig Verlegerin ist, im ähnlichen Alter wie ich etwas Neues startete, in der Vergangenheit auch Lehrerin gewesen war und ein Fan von Louise Hay, der amerikanischen Sachbuchautorin („Gesundheit für Körper und Seele").

Ich fasste das als weitere Ermutigung auf, las über ihr Angebot, ganz „normal" ein Buch zu schreiben über Herzensthemen – unabhängig vom Business und über die Möglichkeit, ein Seminar bei ihr zu besuchen, um in die ersten Geheimnisse des Bücherschreibens eingeweiht zu werden. Da ich mich in der gesamten Autoren- und Verlagswelt nur wenig auskenne und vom strukturierten Schreiben eines Buches genauso wenig wusste wie „die Kuh vom Strümpfe stricken" (beliebtes Zitat meines Französischlehrers bei schlecht vorbereitetem Vokabeltest), entschied ich mich am 5. Dezember 2017 kurz vor Mitternacht anzufragen, ob es denn in Ordnung sei, nur mit einer Idee, aber ohne Ahnung vom richtigen Tun am Seminar teilzunehmen.

Diese Mail wurde am Morgen des 6.12.2017 zur Nikolausüberraschung der o. g. Autorin, so schrieb sie mir gleich zurück und lud mich herzlich ein, am Seminar teilzunehmen. Im Gegenzug dazu wurde ihre Antwort zu meinem Nikolausgeschenk. Ich freute mich nämlich sehr, eine so positiv und mich neugierig machende Inhaltsbeschreibung vorzufinden, wenn in diesem Fall auch nicht in meinem extra geputzten Stiefel vor der Haustür. Vorwissen, so hieß es, sei nicht erforderlich, es ginge um die Grundlagen des Bücherschreibens und den Prozess des Entstehens bis zur Fertigstellung. Es solle mit den ersten kleinen Einheiten des Buches begonnen werden. Und ein wenig Marketingtraining sei zum Abschluss auch dabei.

Na, das war doch ein Kontakt nach meinem Herzen! Den ganzen Tag über hatte ich Kribbeln im Bauch ob des neuen Projektes, das nun auf mich wartete. Ich war aufgeregt und voller Vorfreude, wie sich dieses Abenteuer denn entwickeln würde, getreu Marie Curie:

**„Träume dir dein Leben schön
und mach aus diesen Träumen eine Realität."**

Der reiselustige Ehemann schenkte mir zu Weihnachten einen ganz speziellen Engel, den Engel des Mutes. Selten hatte ich mich über ein Weihnachtsgeschenk so gefreut. Dieser Engel, der – schlicht gearbeitet – so irgendwie in Jubelpose dastand, sollte und wollte mir Mut bringen. Das hat funktioniert und tut es bis heute. Ich stellte ihn zentral auf und immer, wenn ich an ihm vorbeikam und ihn wahrnahm, schien er mir zuzurufen: **„Hey, bleib couragiert! Trau dich! Trau es dir zu! Du kannst es!!"**

Trotz der Ungeduld, die mich erfüllte, weil ich am liebsten sofort mit der Arbeit begonnen hätte, sollte es noch einige Zeit dauern, nämlich bis April, ehe sich dieser Start ins Unbekannte vollziehen konnte.

Dennoch deutete ich es als weitere Bestätigung meines Vorhabens, als im Februar 2018 eines Abends das Telefon klingelte und die Autorenseminarleiterin überraschenderweise am anderen Ende der Leitung war.

Ein freundlich klares „Guten Abend“ hörte ich und dann waren wir auch schon in ein munteres längeres Gespräch geraten über „wer ich bin“, „was ich mache“, „welche Infos ich noch brauche“ und überhaupt „worüber ich denn schreiben wolle?“

Du liebe Güte, darauf zu antworten war ich gar nicht vorbereitet, also versuchte ich von diesem Thema abzulenken und fragte nach ihrem Leben und Werdegang. Interessanterweise ergab sich auch hier die eine oder andere Parallele zwischen uns.

Trotzdem hieß es nach geraumer Zeit dann doch, Farbe zu bekennen.

„Also, worüber möchten Sie denn nun schreiben?“, wurde die Frage ein zweites Mal gestellt.

Ausweichen war jetzt nicht mehr möglich, also antwortete ich zuerst etwas zögerlich:

„Über Texas. Texas ist mein Thema.“

Nun war es gesagt. Es war heraus, es war in der Welt und erstaunlicherweise kam ich jetzt in Fahrt. Begeistert erzählte ich:

„Mit Texas fühle ich mich verbunden, in Texas fühle ich mich so wohl! Es ist wie meine zweite Heimat und seit 25 Jahren fliege ich mit dem reiselustigen Ehemann dorthin! Texas ist meine Freiheit und meine Leidenschaft!

Ich bin hier in Deutschland bestimmt der größte Fan, ich finde es so toll dort und selbst meine Autos symbolisieren hier Texas, denn ich habe immer **TX** auf dem Nummernschild. In den Osterferien fliegen wir wieder hin, wir sind eingeladen zum Frühlingspicknick bei unseren Freunden."

Nach meiner herausgesprudelten Begeisterung war es für einen kurzen Moment still und dann erklang zu meiner Erleichterung ein Lachen.

„Na, das ist ja wohl ein Zufall! Ich habe nämlich auch eine Verbindung nach Texas. Gerade habe ich das Buch eines Japaners, der in Texas lebt, veröffentlicht. Sehr sympathisch, der Mann; er lebt in Victoria, Texas.

Und eine inzwischen gute Freundin, die auch in der Autoren- und Bücherszene zuhause ist, kommt aus Texas. Sie ist eine echte Texanerin. Ist das nicht wirklich ein Zufall??"

Wir staunten beide über diese (aus unserer Sicht) Geschenke des Lebens, freuten uns über unseren neuen, vorerst telefonischen Kontakt und verabschiedeten uns in froher Erwartung auf das erste persönliche Kennenlernen bei gemeinsamer Arbeit im Seminar *Bücher schreiben mit Herz.*

Wenn ich mir vorher nicht sicher gewesen wäre, ob ich mein Traumbuchvorhaben wirklich in die Realität umsetzen sollte, nach diesem Telefonat war ich es!

Glücklich berichtete ich dem reiselustigen Ehemann über das motivierende und kompetent-muntere Gespräch mit den ja wirklich unerwarteten Texaskomponenten. Bemerkenswert, dass er meinen Jubelruf: „Das ist doch ein Wink des Schicksals, stell dir vor, es gibt Texas-Verbindungen!" nicht abtat, sondern den Daumen hob und mir hoch entzückt beipflichtete: „Nun haben wir noch einen Grund mehr, nach WACO zu fahren und es auch kennenzulernen. Die Stadt und die Familie Gaines mit ihrer TV-Serie *Fixer Upper* gehören aus jetzt aktuellem Anlass natürlich auch in dein Buch! You Bet!!"

Nein, Waco müssen Sie, liebe Leser, nicht kennen und die Familie Chip und Joanna Gaines samt der Serie *Fixer Upper*, die letztes Jahr im deutschen Fernsehen lief, wird auch nicht allen vertraut sein. Da ich jedoch WACO und den GAINES ein eigenes kleines Kapitel in der Rubrik SPRING PICNIC als Add-on: Magnolia-Chip und Joanna Gaines gewidmet habe, sei hier nur soviel gesagt: Durch ein wieder mal „zufälliges" Zappen durch die nachmittäglichen Fernsehprogramme, als ich ziemlich ermattet vom Schultag auf dem Sofa saß und einen amerikanischen Kaffee trank (was es damit auf sich hat, erfahren Sie später noch), blieb ich in einer Art Doku Soap hängen.

Sie drehte sich um den Kauf gebrauchter Immobilien und dem anschließenden Umbauen, Einrichten und Einziehen. Da ich mich auch immer schon für Innenarchitektur und Dekoration interessiert habe, ließ ich mich gern kurz hineinziehen in die Geschichte der Hauskäufer.

Zur Untermalung wurden zwischen einzelnen Sequenzen Sonnenaufgänge und Sonnenuntergänge gezeigt, sie erinnerten mich irgendwie an Texas. Und plötzlich tauchten die so typischen Windräder auf und da wusste ich:

ES IST TEXAS!

Ich recherchierte und fand heraus, dass die Serie in Waco, Texas und Umgebung gedreht wurde und schon einige Zeit lief. Und sie wurde für mich natürlich zum Pflichtprogramm und zu meinem Highlight der Woche. Ich konnte mich allein durch die Zeitdauer der Episode nach Texas wegträumen, mich erfreuen an amerikanischen Häusern, den Inneneinrichtungen, den fast überall in den Häusern neuen Kücheninseln à la Joanna Gaines und natürlich den riesigen amerikanischen Kühlschränken.

Ich fühlte mich inspiriert und war so begeistert, dass ich den reiselustigen Ehemann rief und es dazu führte, dass wir oft gemeinsam vor dem Bildschirm hockten, um uns in Deutschland „unserer Texas-Stimmung" hinzugeben. Wie oft suchte ich mir „mein Haus" oder wenigstens „meine Küche" aus, um nach einer Stunde dann laut zu seufzen: „Ach, war das wieder schön!!" Und schon der nächsten Episode entgegenzufiebern.

Der reiselustige Ehemann war ähnlich enthusiastisch, wenn auch nicht so dekoaffin. Er seinerseits witterte neue Fotogelegenheiten. Außerdem sammelt er gern und in diesem Fall bekam ich nach und nach alle Folgen auf DVD, mit dem Hinweis: „Falls du bis Ostern mal wieder Sehnsucht nach Texas hast, hier ist die Lösung!"

Nun wissen Sie, liebe Leser, dass wir unbedingt nach Waco mussten, um uns vor Ort umzuschauen. Zum Glück liegt Waco nur 90 Minuten Fahrzeit von Austin entfernt, nach amerikanischen Verhältnissen also grad um die Ecke. In Austin leben unsere Freunde, also passte der Kurztrip perfekt hinein in unsere Reiseplanung.

Apropos Reiseplanung: Wenn Sie jetzt Lust bekommen haben, nicht nur Waco, sondern **MEIN TEXAS** kennenzulernen, dann lade ich Sie herzlich ein, mich zu begleiten: in die 16 Städte, die ich während der 25 Jahre im Frühling, Sommer, Herbst und Winter besucht habe.

Erfahren Sie mehr über den *Lone Star State* und wer weiß, vielleicht begrüßen Sie **IHR TEXAS** eines Tages mit:

Howdy, y'all!

JAHRESZEITEN – SEASONS OF TEXAS

In diesem Kapitel werden 16 texanische Städte vorgestellt, die ich besucht habe. Ich beschreibe sie durch meine Brille gesehen: Bemerkenswertes, Spezielles, Kurioses. Natürlich gibt es auch Sachhinweise, aber reduziert. Schwerpunkt ist immer mein persönlich Erlebtes. Im Add-on wird im Anschluss an jede Jahreszeit noch ein besonders passendes Thema unter die Lupe genommen.

Spring Picnic

Städte: Dallas, Fort Worth, Amarillo, Waco

Dallas

Basics

* **mehr als 1,3 Millionen Einwohner**
* **drittgrößte Stadt in Texas**
* **Spitzname *Big D* oder *D-Town* oder auch *Silicon Präirie***
* **Ort der Präsidentenbibliothek von George W. Bush**

MEINE HOT SPOTS

Elm Street / 6th floor Museum (J. F. Kennedy)
Southfork Ranch
Texas State Fair
Las Colinas
Basketball / Dallas Mavericks

Auf Dallas war ich natürlich besonders neugierig, allein schon wegen der Southfork Ranch, der ich unbedingt einen Besuch abstatten wollte. Die TV-Serie DALLAS in den Achtzigern, ein damals noch existierender „Straßenfeger“, der vornehmlich Jung, aber auch Alt vor den Bildschirm trieb, machte auch vor mir nicht Halt. Jeden Dienstagabend um 21.45 Uhr gab es kein anderes Date, nur „JR und seine Machenschaften“. Und am nächsten Tag wurde sich ausgiebig darüber unterhalten, wie fies JR wieder gewesen war und wie smart doch Bobby Ewing.

Auf dem Weg zur Ranch fuhren wir im Herbst ’94 an Waco vorbei, einem kleinen amerikanischen Städtchen, dass damals nicht mehr zu bieten schien als die Heimatfabrik von Dr. Pepper, einer für deutsche Gaumen durchaus ungewöhnlich schmeckenden Limonadenart. Wir hielten nicht an.

Die Besichtigung der Ranch, die zum Teil als Filmkulisse gedient hatte, war dagegen etwas richtig Besonderes für mich. Die Stars der Serie wurden fast wieder „lebendig“ durch überdimensionale Fotos in den Ausstellungsräumen. Dazu standen die namentlich gekennzeichneten Regiestühle zum Benutzen bereit. Sehr cool, auf dem Stuhl von Sue Ellen Platz zu nehmen. Aber noch beeindruckender war es auf dem Außengelände. Ich steckte tatsächlich meine Füße in „JR’s Pool“, schrieb dort eigenhändig eine Ansichtskarte an mich selbst und fühlte mich wirklich auserwählt. Die tote Kakerlake, die neben mir schwamm, wohl auch, was ihr offensichtlich nicht gut bekommen war. Noch lange fragte ich mich, ob der Ort des Ablebens ihr den Weg ins Jenseits erleichterte. Denn wer stirbt schon in JR’s Pool?

Ein ähnlich berührendes Erlebnis war der Besuch des *Six Floor Museums*. Hier wird sehr eindrücklich, dennoch subtil die Geschichte des John F. Kennedy und seiner Familie erzählt. Wem das noch nicht reicht, der hatte zumindest damals die Chance, sich ein „Präsidentenauto“ zu mieten, durch die Elm Street kutschiert zu werden, um sich am entsprechenden Tatort mit einem ohrenbetäubenden Knall aus den Gedanken schrecken zu lassen. Hoffentlich nicht zu Tode! Nun ja, wer’s braucht …

Mein Kontrastprogramm zu dieser Art von Event wurde zweifellos die „Texas State Fair". Ländlich ausgerichtet, mit Riesenrad und überdimensionierten Wackel-Aufblascowboy ausgestattet, liefen wir durch die Messehallen und ließen uns inspirieren und in neue Welten mitnehmen. Mit einem Künstler unterhielt ich mich etwas länger. Ich schwärmte von Texas und kaufte voller Begeisterung für daheim ein Aquarell mit der texanischen Fahne. Das wiederum begeisterte ihn und er schrieb mir zu meiner Freude auf die Rückseite seines kleinen Kunstwerks *The Flag* eine Widmung: „From a real Texan to a friend of Texas"

Um bei der Kunst zu bleiben: Wer Zeit hat, dem würde ich gern noch *Las Colinas* empfehlen. Las Colinas ist ein Stadteil von Irving nahe Dallas. Hier steht seit 1984 eine phantastische riesige Bronzeskulptur, *Die Mustangs* genannt, von Robert Glen: Wilde Pferde, die den Williams Place dekorieren und aus meiner Sicht so lebensecht akzentuiert wurden, dass man das Gefühl hat, sie seien direkt in Bewegung und man sollte schleunigst aus dem Weg gehen. Eine richtige Stampede! Und wer sich tief genug einlassen kann, hört vielleicht sogar die donnernden Pferdehufe im aufspritzenden Wasser.

Nicht Hufgetrappel, sondern das Sirren von Kufen ist dann in der *Galleria Dallas* zu hören. Natürlich sind die Shoppingmalls in Texas auch Texas Size, also riesig. Dennoch war ich sehr erstaunt, im Einkaufscenter eine Eislauffläche vorzufinden, die im heißen texanischen Sommer sogar eifrig bevölkert wurde. Aber vielleicht gerade deshalb. Und während die Mütter dem Einkaufserlebnis frönen, versuchen sich ihre Töchter in niedlichen Kleidchen an Pirouetten und dem einfachen Toeloop. Die Trainer sind dabei, geben Anweisungen und achten darauf, Eishockey-Anfänger etwas auf Distanz zu halten. Ob Eislauf- oder Eishockey-Stars, in den USA gibt es viele davon und vielleicht hat die ein oder andere Karriere hier im Eislaufring begonnen. Der reiselustige Ehemann und ich sind immer wieder verlockt, dort zuzuschauen. Das vielfältige Angebot dieser Konsumtempel nutzen wir inzwischen nicht mehr so oft, um teures Übergepäck zu vermeiden. Und inzwischen bekommt man viele Waren auch im Weserbergland.

Einen Kitzel anderer Art kann man im Vergnügungspark *Six Flags over Texas* erleben. Ein paar Kilometer westlich von Dallas (in Arlington) bekommt der reiselustige Ehemann jedes Mal leuchtende Augen und ist kaum zu halten. Warum? Nun, dieser bietet Achterbahnen en masse, Karussells und Shows. Fahrgeschäfte – je schneller, je besser – liebt der reiselustige Ehemann besonders; vom Bungee Jumping konnte ich ihn nur unter Androhung höchster Strafen abhalten und selbst sogenannte Falltürme werden regelmäßig ausprobiert, um sich dann hinterher in größter Gemütsruhe noch einen „Hamburger" einzuverleiben. Ohne dass der Magen protestiert. Meinen Respekt dafür hat er. Mir wird schon vom Zusehen schlecht …

Last but not least war auch ein Besuch des *American Airlines Center*, der Spielstätte des Dirk Nowitzki und den Dallas Mavericks höchst beeindruckend. Der Fan Shop ist gut ausgestattet, selbstredend liegen zwei T-Shirts mit der Rückennummer 41 jetzt bei uns im Schrank. Allerdings hat das Basketball „German Wunderkind" vor einigen Wochen seinen Rücktritt erklärt. Aber die Atmosphäre vor Ort ist noch gut zu schnuppern und der „Spirit des Dirkules" schwebt bestimmt weiterhin über allem.

Mein Highlight: In Dallas fühle ich mich als Ölbaronesse!

Fort Worth

Basics

* **mehr als 850.000 Einwohner**
* **fünftgrößte Stadt in Texas**
* **Spitzname *Cowtown***
* **der Cultural District beherbergt einige der bedeutendsten Museen der USA**
* **Städtepartnerschaft mit Trier**

MEINE HOT SPOTS

Stockyards, Bar mit Sattelhockern
Miss Molly's B&B
Billy Bob's Honkytonk
Cattleman's Museum
Chisholm Trail Mural
Water Gardens

Hier kam ich meinem Traum vom Wilden Westen bereits näher, wenn auch etwas anders als gedacht. Fort Worth besitzt viel Charme, den man besonders im historischen *Stockyards District* spürt. Dieses Fleckchen war in der Vergangenheit ein ziemlich großer Viehumschlagplatz und wirkt wie aus der Zeit gefallen. Es gibt kleine Lädchen und eine große Eisenbahn, die „Tarantula", mit der man aus der Stadt zu den Stockyards fahren kann. Nicht nur für Eisenbahnfans ein Erlebnis an sich.

Und wer weiß, vielleicht haben Sie – wie wir – auch das große Glück, eine Rinderherde mit einem riesigen Longhornleitbullen vorbeitrotten zu sehen, geleitet und begleitet von echten Cowboys und (zur Vorsicht) bewacht durch Polizei hoch zu Ross.

Ein imposantes Schauspiel: die Longhorns respekteinflößend, die Cowboys konzentriert und die berittenen Polizisten aufmerksam. Die Besucher übrigens auch! Dazu texanische Sommerhitze von ca. 40 Grad Celsius. Es trieb einem die Schweißperlen auf die Stirn, trotz Wassersprühnebel, der auf dem Weg regelmäßig für die Besucher aktiviert wurde.

Daher ist die eigene gut gefüllte Wasserflasche unerlässlich. Wem der Getränkevorrat dann doch ausgegangen ist, hat die Chance, sich in einem der Saloons zu erfrischen und dank Klimaanlage auch körperlich wieder etwas abzukühlen. In einer der Hotelbars gab es zumindest damals echte Sattel als Sitzgelegenheit. Keine Frage, das musste ich natürlich ausprobieren, schon allein deshalb gab es nicht nur einen, sondern noch einen zweiten *Iced Tea* hinterher. Alkoholisches war natürlich tabu schon aufgrund der herrschenden Temperaturen, es hätte mich sonst auch ohne bockendes Pferd aus dem Sattel gehauen. Der nächste Stopp auf dem Erkundungspfad galt dem *Cowtown Coliseum*, einer Arena, in dem früher Viehausstellungen stattfanden und bis heute Rodeos unterschiedlichster Art. Auch die *Texas Rodeo Cowboy Hall Of Fame* kann hier besichtigt werden.

Nach den vielen Eindrücken war ich froh, ein Hotel in der Nähe gebucht zu haben. Genauer gesagt, ein Bed & Breakfast. Ein besonderes Bed & Breakfast. Ein Bed & Breakfast in einem ehemaligen „Etablissement". Bei Miss Mollys. Das Zimmer hoch verplüscht, geziert durch eine Badewanne mitten im Zimmer. Und mit sympathischen Gastgebern, die ein phantastisches Frühstück zauberten. Auf diese Weise können der reiselustige Ehemann und ich bis heute mit Fug und Recht erzählen, dass wir gemeinsam eine Nacht im Bordell verbracht haben. Wer kann das schon von sich behaupten?

Aber hier in Fort Worth gibt es nicht nur Molly, sondern auch *Billy Bob's*, das (laut Betreiber) größte *Honkytonk* der Welt. Das mag schon stimmen, in Texas ist ja alles riesig. Wer nicht genau weiß, was denn eigentlich ein Honkytonk ist, der stelle sich einen in mehrere Sektionen unterteilten Club vor mit Bars, Disco, amerikanischen Restaurants, einer kleinen Rodeohalle, vielen Künstlerfotos an den Wänden, einem Stiefelputzstand und zwei Live Bühnen, wo regelmäßig die Größen der Country Musikszene zu Gast sind.

Der reiselustige Ehemann und ich fuhren vor etlichen Jahren 1000 Kilometer, um ein Konzert von John Michael Montgomery zu erleben. Es war die Anstrengung wert, ein grandioser Auftritt mit super Country-Musik und Abtanzen. Wir fühlten uns wieder mal so richtig als Texaner, natürlich passend gekleidet in Jeans, Boots und mit Cowboyhut. *Absolutely awesome*!!

Sich dem texanischen Leben und der Kultur zu widmen, gelang uns auch im *Cattleman's Museum*. TEX, ein „sprechendes Rindvieh", erklärte uns damals recht informativ den Alltag der Cowboys, die Entwicklung der Rinderzucht und das Leben auf den Ranches. Ich vermute allerdings, dass es inzwischen im wohlverdienten „Ruhestand" ist.

Wem das immer noch nicht reicht, der sei an gemalte Hauswand-Impressionen, *Murals* genannt, verwiesen. Hier in Fort Worth ist der *Chisholm Trail Mural* zu bewundern, ein riesiges Wandgemälde, welches man am *Sundance Square* – an der Südseite des *Jefferson Buildings* – findet. Es zeigt eine extrem realistische Darstellung der legendären Chisholm-Viehtrails, die in der Zeit von 1867 bis 1875 stattfanden. Longhorn-Herden wurden damals noch mitten durch die Stadt getrieben.

Übrigens ist der Name *Sundance Square* tatsächlich nach dem berühmt-berüchtigten Ganoven Sundance Kid benannt, der mit seinem Compagnon *Billy the Kid* damals die Gegend unsicher machte.

Nach so viel Kunst und Kultur brauchten der reiselustige Ehemann und ich dann einen Ort zum Ausruhen. Auf der Suche nach einem geeigneten Platz stießen wir in der Innenstadt auf die *Water Gardens*. Die auf vielen Stufen begehbare Brunnenanlage mit üppig plätschernden kleinen Wasserfällen wurde von Phillip Johnson konzipiert und ist an heißen Tagen – aber nicht nur dann – ein Geschenk. Geeignet, sich auf den Treppen niederzulassen, ein Eis zu schlecken oder mitgebrachten Kaffee zu genießen, die Wasserspiele zu bewundern und dabei zu entspannen. Winzige Wassertröpfchen stieben durch die Luft und machen die sommerliche Hitze etwas erträglicher, man kann großartig seinen Gedanken nachhängen oder das muntere Treiben der oft zahlreichen Besucher beobachten. Eine Oase in mitten der Stadt!

Mein Highlight: In Fort Worth fühle ich mich als Cowgirl!

Amarillo

Basics

* **mehr als 200.000 Einwohner**

* **amarillo bedeutet *gelb* auf Spanisch**

* **große fleischverarbeitende Industrie**

* **Spitzname *Helium Capitol of the World***

MEINE HOT SPOTS

Tony Christie Song
Palo Duro Canyon Tour
Cadillac Ranch
Steaks XXL
Barbecue-Soße

Wenn ich damals bereits soviel über Texas gewusst hätte wie heute, ja dann …

… hätte ich zumindest die Frage von Tony Christie *Is this the Way to Amarillo?* besser beantworten können.

Diesen Song trällerte ich in meiner Jugend gern mal mit, wenn er im Radio gespielt wurde, ohne die geringste Ahnung von der Antwort zu haben. Gut, ich hätte Amarillo geographisch schon Amerika zugeordnet, aber mehr hätte ich nicht gewusst.

Nun aber sieht die Sache anders aus. Ob Tony Christie Amarillo jemals besucht hat, um seine „Marie" zu finden, entzieht sich meiner Kenntnis und, um ehrlich zu sein, ich habe keine kennengelernt. Aber bin auf vieles gestoßen, was für Sie, liebe Leser, auch von Interesse sein könnte, weil höchst ungewöhnlich.

Zunächst mal: Um Amarillo einen Besuch abzustatten, müssen Sie sich in Texas gen Norden orientieren, zum sogenannten *Panhandle*, dem Pfannenstiel. Auf dem Weg dorthin könnten Sie sich animiert fühlen, je nach Einstellung, das Örtchen *Merkel* zu besuchen oder nach *Wildorado* abzubiegen. Beides wird durch Wegweiser und die dazugehörigen Abfahrten vom Highway möglich. Ist Ihnen jedoch das Glücksgefühl abhanden gekommen, gibt es den Abzweig nach *Happy*. Vielleicht ist dort gerade ein Plätzchen frei für Sie …

Wie es sich für den Landstrich (Hochland/Great Plains) dort gehört, ist das Klima trocken und heiß. Erdgasvorkommen, die größte Heliumreserve der Welt, Rinderzucht und Öl beherrschen das Areal um Amarillo.

Wer auf grandiose Natur steht und für den Grand Canyon noch keine Zeit hatte, dem sei der *Palo Duro Canyon* empfohlen. Dieser Naturpark bietet die Gelegenheit für wunderschöne Fotomotive, die der reiselustige Ehemann glückstrahlend ausnutzte. Putzige Präriehunde, die sich auf dem Rasen vor dem Rathaus tummelten (vielleicht, um die örtliche Verwaltung zu kontrollieren?), Steinformationen, Erdfaltungen – Fotografenherz, was willst du mehr?

Der Palo Duro Canyon ist nach dem Grand Canyon der Zweitgrößte der USA. Heute ist er ein staatlicher Park und bietet unterschiedliche Wandertouren, z. B. zum *Lighthouse Rock* (Leuchtturmfelsen). In der Canyon Gallery erfährt man Wissenswertes über Entstehung und Besiedelung, man kann vor Ort übernachten auf Campingplätzen oder in kleinen Pavillons.

Wem der Sinn nach Cowboyalltag steht, wird auch nicht enttäuscht, denn auch Ranches sind zu besichtigen. Und Freiwillige zur Mitarbeit werden überall gern gesehen. Eintauchen in echtes Cowboyleben – sicher ein Abenteuer der besonderen Art!

Wem allerdings statt echter Pferdestärken diejenigen in eingebauten Karosserien lieber sind, der macht sich auf den Weg zur sogenannten *Cadillac*

Ranch. Nur bitte erwarten Sie jetzt keine fahrtüchtigen Autos der Extraklasse, die Sie einladen, eine kleine Runde zu drehen.

Nein, diese „Ranch" ist eine Art Kunstwerk auf einem großen Acker. Hier sind 10 unterschiedliche Cadillac-Modelle zu bewundern, komplett Graffiti-besprüht und mit der Kühlerhaube schräg im Boden versenkt. Die Route 66 lässt hier grüßen. Und ein Schild, dass Graffiti sprühen unter Strafe verbietet …

Wer jetzt nicht nur den kleinen, sondern Riesenhunger verspürt, könnte sich auf einen sehr speziellen Wettbewerb einlassen:

Im BIG TEXAN STEAK HOUSE ist man eingeladen, ein 2 kg schweres Steak mitsamt der Beilagen unter Aufsicht auf einer Bühne zu verspeisen. Innerhalb einer Stunde! Wer das schafft, ohne vorher das Zeitliche zu segnen oder das WC aufzusuchen, der wird hier zum sprichwörtlichen Gast – er bekommt für diese Leistung den Preis für die Mahlzeit geschenkt. Zumindest war vor einigen Jahren auch der Tageszeitung *Houston Chronicle* dieses Unterfangen einen Artikel wert unter der Überschrift „Where is the beef?"

Mehr als 20 Unerschrockene haben den Kampf aufgenommen, und es tatsächlich geschafft, die kulinarische Herausforderung bewältigten. Als Lohn winkt zusätzlich ein namentlicher Eintrag samt Datum auf der Bestenliste – gut sichtbar aufgehängt über dem „Tatort". Ob sie allerdings danach jemals wieder ein Stück Fleisch angerührt haben, darüber kann ich leider mangels Beweis keinerlei gesicherte Auskunft geben.

Der reiselustige Ehemann winkte seinerseits sofort ab und bestellte ein 200 Gramm Steak. Für ihn war selbst das mehr als ausreichend, meins war sowieso noch kleiner.

Aber zu guten Steaks gehören auch passende Soßen, also waren wir nicht erstaunt, dass eine der bekanntesten, die *Stubb's Bar-B-Q-Sauce*, im Nachbarort Lubbock, durch *C. B. Stubblefield*, abgekürzt eben *Stubb*, erfunden wurde. Sie darf bei keinem BBQ fehlen. Ehrensache, dass wir von jedem Texasaufenthalt mindestens zwei Flaschen davon mitbrachten, nachdem uns unsere Freunde aus Austin auf diese texanische Spezialität aufmerksam gemacht hatten. Der reiselustige Ehemann raufte sich zwar die Haare ob des Gewichts der Glasflaschen („Denk an die Koffer, die werden zu schwer!!"), machte es dann aber doch immer möglich, diese Mitbringsel unterzubringen und schlussendlich auch zu tragen. Sein Haupthaar litt, aber der Muskelaufbau stimmte. Der geschmackliche sowieso. Und bei jedem Grillen auf heimischer Terrasse gab's zu unserer Freude dickes Lob vom Besuch.

Mein Highlight: In Amarillo fühle ich mich an meine Teeniezeit erinnert!

Waco

Basics

* mehr als 130.000 Einwohner

* nahebei befindet sich die Ranch des ehemaligen Präsidenten George W. Bush

* Spitzname *Heart of Texas*

* die Baylor Universität/Browningbibliothek steht für ein präsentes Bildungssystem

MEINE HOT SPOTS

Dr. Pepper Museum
Texas Ranger Museum
Heart of Texas Haus
Cattle Drive Skulpturen
Suspension Brücke
Magnolia/Fixer Upper

Wer hätte gedacht, dass es nochmal so ein unbedingter Wunsch von mir werden sollte, Waco einen Besuch abzustatten? Ich am allerwenigsten. Denn die zweifellos vorhandenen Attraktionen waren damals noch nicht so gefragt bei uns. Das lag zum einen daran, dass die Limonade Dr. Pepper für deutsche Gaumen doch erst mal, sagen wir, ungewohnt ist. Und der reiselustige Ehemann ist sowieso kein Limonadenfan. Aber nachdem ich *Dr. Peppers* jetzt mehrfach probiert habe, wer weiß, vielleicht werde ich noch dazu …

Jedenfalls gibt es ein Museum, das den Besuch wert ist. Es zeigt alte Abfüllanlagen, durch die die Limonadenströme flossen, das Originalrezept übrigens kreiert und gemixt in einer alten Apotheke um 1885. Wer Lust auf etwas Nostalgie hat, ist hier auf jeden Fall richtig.

Auch das nächste Museum, das *Texas Rancher Museum* mit der Hall of Fame ist etwas Besonderes. Die Texas Rancher waren in vergangenen Zeiten, so ab 1823, die damaligen Hüter des Weidelandes und sorgten für Recht und Ordnung. Sie verteidigten Texas auch gegen Mexiko. Zu den besonders Berühmten gehören u. a. *Stephen F. Austin* und *George W. Baylor*. Ein Film zeigt die Geschichte dieser legendären Truppe und hey, wir sind in Texas, da dürfen Waffen und Ausrüstungsgegenstände natürlich nicht fehlen.

Aber lassen Sie uns von hart (Rangers) zu herzlich (Heart of Texas) übergehen: Auf unserer kleinen Tour durch Waco – wir hatten viel zu wenig Zeit und kommen auf jeden Fall wieder – entdeckte ich ein wunderschönes himmelblau-weißes amerikanisches Haus mit kleiner Veranda, offensichtlich bewohnt, betrieben oder im Besitz der *Heart of Texas Foundation*.

Mehr kann ich Ihnen darüber leider nicht erzählen, weil wir weder die Zeit hatten noch die Courage, zu klingeln und uns zu informieren. Aber in das Häuschen habe ich mich sofort verliebt und am liebsten hätte ich es erstanden. Dem reiselustigen Ehemann gefiel es auch, jedoch erinnerte er mich daran, dass ein Hauskauf keinen Sinn macht mit einem 90 Tage Visum. Leider musste ich ihm Recht geben. Aber: Beim nächsten Besuch in Waco werde ich nachfragen. Und dann erzähle ich Ihnen eine weitere Waco-Geschichte.

Eine kleine, kostenlose ca. 20minütige Trolleyfahrt ab *Magnolia Market* zeigte uns Waco mit unterschiedlichen Facetten. Startpunkt war am *Magnolia Market* nahe der Silos. Wir fuhren am ALICO-Gebäude vorbei, sichtbar in wohl jeder Fixer Upper Sendung. Dieses Haus ist mit 22 Stockwerken das höchste in Waco und Sitz einer Versicherung. Auch an einem Skulpturenpark nahe der *Suspension Brücke* kamen wir entlang. Den steuerten wir auf eigene Faust ein zweites Mal an, um auszusteigen und uns in Ruhe umzusehen. Die Bronze Skulpturen – so lebensecht und detailgetreu gearbeitet – zogen uns länger in ihren Bann. Wir bewunderten die mannshohen Pferde mit ihren Reitern, Cowboys und Longhorns. Wieder einmal der *Chisholm Trail* als Thema. Hoch beeindruckend, um so mehr, als wir erfuhren, dass diese Bronzestatuen in der Firma eines ehemaligen Studenten unserer Freundin und Künstlerin *Beverly Penn* gefertigt wurden, und die wir im Übrigen besichtigen durften.

Die Skulpturen finden sich in unmittelbarer Nähe zum Fluss *Brazos*. Die *Suspension Brücke*, eine der längsten Hängebrücken, führt darüber und verbindet zwei öffentliche Parks miteinander. Früher auch für den Autoverkehr geöffnet, ist sie heute reine Fußgängerbrücke und wird unter anderem gern für fröhliche Feste anlässlich des Unabhängigkeitstages genutzt.

Auch uns hat die Brücke in ihren Bann gezogen. Bei perfektem texanischen Wetter – stahlblauem Himmel und Sonnenschein – genossen wir einen kleinen Spaziergang mit *Coffee to go* und Blaubeermuffins. Zurück in Hameln gibt es auf meinem morgendlichen Schulweg eine alte Eisenbahnbrücke über die Weser, die mich bei Sonnenaufgang im Gegenlicht fast ein wenig an Waco erinnert. Longhorns aus Bronze sind natürlich Fehlanzeige.

Den Abschluss in Waco bildete natürlich wieder der Magnolia Market und das wunderbare Gefühl, tatsächlich hier gewesen zu sein und einige Örtlichkeiten der Gaines Familie hautnah erlebt zu haben. *Magnolia Table* hatte zwar gerade eröffnet, wir aber nicht mehr die Zeit, das Restaurant auch noch auszuprobieren. Wie gesagt: Nächstes Mal!

Nebenbei: Die Sportlichen unter Ihnen können sich für den *Silo District Marathon* anmelden, initiiert von Chip Gaines. Er läuft selbst mit. Leider nichts für uns, wir können nur Kurzstrecke …

Von unserem Besuch an schauten wir natürlich die Folgen der *Fixer Upper* Sendung noch begeisterter an, oft mit dem schon mehrfach beschriebenen Gefühl der Glückseligkeit und den Ausrufen: „Hey, guck mal, da waren wir schon! Und dort auch! Ist das nicht der Wahnsinn?“ Wir verfolgten aufmerksam die Geschichten um die Gaines, nahmen ein wenig enttäuscht die Einstellung der Sendung *Fixer Upper* zur Kenntnis, um dann einige Zeit später den Grund dafür zur erfahren: Crew Gaines, das 5. Kind, war unterwegs. Inzwischen ist der Kleine auch schon bald zwei Jahre alt und ein neues Buch *Wir sind die Gärtner* (*We are the Gardeners*) kam auf den Markt. Die Kinder schienen oft mit eingebunden zu sein in die Tätigkeiten ihrer Eltern, sie stellten Limonade her und sammelten Pekannüsse. Und da die Farm vielen Tieren ein Zuhause bietet, lernen die fünf auch gleich den liebevoll-verantwortungsbewussten Umgang mit ihnen. Spaß und Freude am Tun stehen dabei im Vordergrund und die persönliche Entfaltung der Kids. Da ich mir gern, schon berufsbedingt, von den Kindern *ihre Welt* erklären lasse, bin ich davon natürlich schwer begeistert.

In Joanna Gaines' Blog bekommt man neben neuen Familiennachrichten und Fotos auch Rezepte, Dekotipps und neueste Artikel, käuflich zu erwerben im Magnolia Market. Und wer sich zum Heimwerken berufen fühlt: eine DIY-Rubrik (Do It Yourself – mach es selbst) darf natürlich auch nicht fehlen.

Mein Highlight: In Waco fühle ich mich als Teil der Magnolia-Community!

Add-on: Fixer Upper oder: Kennen Sie die Gaines?

Besuch Magnolia Market, Cupcakes aus der Bakery, Shotgun House, Bed & Breakfast Haus, Infos über die Gaines Familie und Fixer Upper hier in Deutschland

Für mich war die zufällige Entdeckung der Serie *Fixer Upper – Umbauen, einrichten, einziehen!* im deutschen Fernsehen eins meiner Highlights des Jahres 2017 (lief/läuft als Wiederholung auf sixx).

Wie Sie ja bereits wissen, liebe Leser, war die zufällige Entdeckung dieser Fernseh-Doku Soap ein Geschenk des Himmels für mich, brachte es mich doch „meinem" Texas, wenn auch nicht geographisch, dann doch gefühlsmäßig auch in *good old Germany* sehr nahe. Nahezu mühelos konnte ich mich in diese spezielle Energie der Freiheit, der Unabhängigkeit, der Weite und der heißen Sonne hinein katapultieren und auf der Stelle wegträumen – mich dorthin beamen sozusagen. Kurzum – diese Serie triggerte mich extrem an! Durch sie war es mir möglich, mich auf dem heimischen blauen Sofa so unbeschwert zu fühlen wie in Texas. Der reiselustige Ehemann gesellte sich nach einigen Anläufen immer öfter dazu; auch er konnte sich der Anziehungskraft der Serie (Guck mal … TEXAS!!!!) nicht entziehen.

Ich bin nicht immer ein Fan von „Oh, muss ich aufnehmen!", aber in diesem Fall war ich hochzufrieden und begeistert. Dank des akribisch Listen führenden reiselustigen Ehemannes, der gewissenhaft den Episoden von FIXER UPPER „nachjagte", sind wir inzwischen stolze Besitzer fast aller Folgen auf DVD, nur das Special über die Renovierung und Einweihung des Restaurants MAGNOLIA TABLE haben wir bisher leider verpasst. Da warte ich auf eine Wiederholung und bleibe weiterhin hoffnungsfroh optimistisch. Irgendwann kriegen wir sie.

Die Gaines Familie besteht aus Joanna und Chip, seit 2003 verheiratet, beide Anfang 40 mit inzwischen 5 Kindern, der jüngste Spross Crew wurde im Juni 2018 geboren; ein niedlicher Grund, sich nach 5 Staffeln dann doch für ein Ende der Doku Serie zu entscheiden. Sie wohnen (laut TV) auf einer Farm nahe Waco mit vielen Tieren, einem großen Garten sowie eigenem Obst-und Gemüseanbau. Joanna scheint sowohl Familie als auch Freunde und Kunden mit leckeren selbst gebackenen Cupcakes und Cookies zu verwöhnen und natürlich legen eigene Hühner die Eier für den Eigenbedarf. Kräuter aus dem eigenen Garten werden zum Kochen verwendet, mindestens ein Pekannussbaum liefert reiche Ernte und auch Obst und Gemüse werden selbst gezogen. Joanna liebt Rosen und ist ihren Mädchen Ella Rose und Emmie Kay sicherlich ein großes Vorbild in ihrer Unermüdlichkeit. Die Jungs Drake und Duke eifern ihrem Vater nach, bei Crew wird es noch einige Zeit brauchen.

In den Staffeln der Serie FIXER UPPER gab es an die 100 meist baufällige Häuser/Projekte in und um Waco, die Joanna und Chip Gaines ihren Kunden zum Kauf zeigten und anschließend modernisierten und renovierten. Joanna zeigte sich dabei als kreativer Kopf für Planung, Ausführung, Einrichtung und Dekor zuständig, ihr Mann Chip übernahm an den sogenannten „Abrisstagen" mit größter Freude und allerlei „eingestreuten Mätzchen" das Demolieren und Entsorgen der meist sehr ramponierten oder auch einfach auszutauschenden Einrichtung.

Außenfassaden erhielten einen neuen Anstrich und bekamen oft die so typischen Fensterläden. Vorgärten, Veranden und Loggias galt es zu verschönern. Wege wurden neu gepflastert, Riesengaragen in Gästezimmer verwandelt und die Innendekoration samt neuer Möbel und Küchen (seitdem liiiebe ich Kücheninseln, habe aber immer noch keine) warteten dann auf Joannas prüfenden Blick und ihre ordnende Hand. Ein gedrechselter Tisch der *Fa. Clint Harp Design*, ein Metallbild mit Spruch von *Jimmy Don*, eine große Deko-Uhr vom *Magnolia Market* oder eine alte Tür aus dem Lager der Joanna Gaines, alles fand seinen Platz.

Natürlich blieb den Gaines das ein oder andere Dilemma in Form von fehlenden Klimaanlagen, Termiten oder unvorhergesehen doch schrottreifen

Kaminabdeckungen nicht erspart. Jedoch – wie es sich für eine Doku-Soap gehört – nach der traditionellen Frage: „Seid ihr bereit für euer FIXER UPPER (= neues Heim)?“ war am Ende alles gut und die neuen Eigentümer (meist weiblich) quietschten vor Entzücken oder weinten ein paar Tränen der Rührung, je nach Temperament. Die Männer begnügten sich dann meist mit Daumen hoch und „Wow, good job!“. Begeistert waren alle!

Obwohl es ja an der Autobahn zwischen Austin und Dallas liegt, war Waco vor Ausstrahlung der Serie ein eher wenig nachgefragter Ort. Natürlich gibt es Interessantes anzuschauen, aber meistens wurde er doch auf der Fahrt links liegen gelassen und stand im Schatten der oben genannten Millionenstädte. Durch Chip und Joanna Gaines wendete sich das Blatt. Ich nenne es mal so: Sie gaben Waco eine Seele. Und haben einen Boom ausgelöst, den sich vor Jahren dort wohl keiner hätte träumen lassen.

Alle Fixer Upper-begeisterten Fernsehzuschauer möchten die *Magnolia Welt* erleben. Viele Amerikaner und natürlich auch internationales Publikum machen sich auf den Weg, um die Wirkungsstätten der Gaines mit eigenen Augen sehen. Hier wird eine Vision zum Event gemacht, man darf Teil des Ganzen sein. Es wird gezeigt, wie Herzensträume zur Erfüllung gebracht wurden. Nicht in Hollywood, sondern in Waco. Also in einem „ganz normalen Ort“. Und da möchte doch jeder dabei sein! Wir natürlich auch!! Und freuten uns unbändig, durch eine Einladung unserer Freunde zum *Spring Picnic* nach Texas gelockt, die Gelegenheit dafür zu bekommen.

In den Osterferien war daher wieder mal Houston das Ziel, dort wurde genächtigt und bereits am nächsten Tag – Jetlagbedingt recht früh – brachen wir nach Waco auf. Blauer Himmel und Sonnenschein begleitete uns, wir fühlten uns munter und bester Laune in freudiger Erwartung dessen, wovon wir schon lange erzählt, was wir geplant und worauf wir hingefiebert hatten. Und wir wurden nicht enttäuscht. Aber überrascht.

Das Gelände um Magnolia Market wird um 9 Uhr geöffnet. Wir kamen gegen halb zehn dort an und es war schon richtig voll.

Also entschieden wir uns, als erstes den Magnolia Market zu besuchen, eine große Halle mit einer unüberschaubaren Anzahl an käuflich zu erwerbenden Dekoartikeln, die bei Joanna in ihren Episoden Verwendung fanden. Es gab alles – von Bechern mit Magnolia Werbung über künstlichen Blumen-/Pflanzenschmuck, Metallschilder, riesengroße Uhren, ihre bereits herausgebrachten Bücher und Zeitschriften (natürlich „musste" ich die Zeitschrift MAGNOLIA JOURNAL auch abonnieren und bekomme sie nun viermal im Jahr zugestellt; das sind dann besondere Tage der Freude), daneben vielfältigste Deko im Vintage Look und neben designten T-Shirts und Taschen für Ladys und Kids natürlich auch *Chip's Corner* mit Sweatshirts, Käppies und den maskulinen Accessoires, die der Mann von heute so „braucht".

Die vorwiegend weibliche Käuferschar fühlte sich sicherlich wie im Himmel; den männlichen Besuchern, oft eher Begleitschutz als kaufinteressiert, trieb es vermutlich die ein oder andere Schweißperle auf die Stirn ob des Kaufrausches ihrer Angetrauten und der damit auch verbundenen oft hohen Rechnung.

Auch dem reiselustigen Ehemann stand ein wenig die Panik in den Augen; das Einzige, was ihn beruhigte, waren schlicht und einfach die restriktiven Gewichtsvorgaben der Gepäckstücke unserer Airline. Er wusste, dass es ihn zu hart nicht treffen konnte, rief mir gleich zu Beginn zu: „Ich stell mich schon mal in die Kassenschlange, sonst dauert es ewig …!" und ließ mich stöbern. Das Eintauchen in die Welt des Magnolia Markets war schon inspirierend – viel brachte ich allerdings nicht heim. Nur ein Souvenir in Form einer „Frühlingsduft-Kerze" mit Magnolia-Emblem als Zeichen „Yes, I was here!" und zwei ältere Ausgaben des oben erwähnten Magazins.

Ach nein, im kleinen *Seed Supply*-Häuschen, einem als Gartenhaus gestalteten Verkaufsraum für Gartenliebhaber, erstand ich ein paar Magnolia-Samen und das dazu passende Handtuch. Die damit Beschenkte ist eine große Gartenliebhaberin, Gärtnerin sowieso und hat mit ihrem grünen Daumen aus den Samen inzwischen beachtliche Pflanzen gedeihen lassen, über deren

Entwicklung und Wohlergehen sie mir bei fast jedem Telefonat berichtet. So hat sich immerhin ein wenig Magnolia im Lipperland angesiedelt.

Denn auf dem Magnolia Gelände gibt es eben nicht nur jenen Markt, sondern auch die berühmten Silos, die die Gaines kauften und renovierten. Dann eben auch kleine angelegte Schaugärten, eine riesige „Spielwiese“ für Klein und Groß mit fröhlich bunten Sonnenschirmen und Picknick-Gelegenheiten. Wer keine Lust auf Essensvorbereitung hat, findet an *Food Trucks* (Verkaufswagen) unterschiedlichste Angebote für vielfältige Gaumenfreuden.

Und wem das noch nicht reicht und wer ohnehin eher ein Süßschnabel ist, den wird es – natürlich – in die kleine Bäckerei ziehen. In einer weiteren Spezialausgabe von Fixer Upper wird nämlich die Verwandlung eines früheren Blumenladens, in dem Chip seiner Aussage nach immer besondere Sträuße für Joanna kaufte, in eine Bäckerei mit angrenzendem Outdoor-Café gezeigt.

Erwähnte ich die vielfältigen Talente von Joanna? Hier setzt sie ihre Backleidenschaft um in unterschiedlichste Küchlein und Cookies. Zunächst waren Chip und die Kinder die ersten Nutznießer ihrer zahlreichen Rezept-Probeläufe. Und na klar, ich hatte selbstverständlich das erklärte Ziel, dort unbedingt die letztlich ausgewählten Cupcakes anzuschauen und selbstverständlich zu probieren. Vielleicht nicht alle Sorten. Aber so viele wie möglich.

Die lange Schlange rund um die Häuserecke des Gebäudes machte diesen Plan erst mal zunichte. Da wir zum einen noch gesättigt vom Frühstück waren und zweitens keine Lust auf längere Warterei hatten, inspizierten wir die nähere Umgebung und gerieten durch Zufall in die Straße mit dem sogenannten SHOTGUN HAUS.

Es hat seinen Namen von der an ein Gewehr erinnernde Form, es ist nämlich sehr schmal und dafür lang. Innen hübsch renoviert, wie wir aus der Haus-Episode wussten, hinein kamen wir natürlich nicht. Denn es wurde damals tatsächlich zum Verkauf angeboten, eine Tatsache, die mich zweifellos etwas frustrierte. Nahm ich doch an, jenes Pärchen, welches sich damals über Gebühr an dem Ergebnis der Hausinstandsetzung freute, würde nach wie vor glückselig das Häuschen bewohnen.

Jedenfalls nutzte ich die Gelegenheit, mich vom reiselustigen Ehemann auf der erhöhten kleinen Veranda fotografieren zu lassen. Was aus dem Projekt inzwischen geworden ist, kann ich leider nicht sagen. Der damals geforderte Kaufpreis war derart enorm, dass man schon an Wunder glauben muss, um so einen Preis überhaupt anzusetzen. Aber wer weiß … Wunder geschehen!

Eins davon durften wir selbst erleben, denn nach unserer Erkundungstour hatte sich die Schlange vor der Bäckerei halbiert, unser Appetit sich jedoch verdoppelt. Also nichts wie angestellt, um dann doch die süßen Köstlichkeiten aus der BAKERY zu probieren. Das Gefühl, sich plötzlich wahrhaftig in den heiligen Drehort-Hallen zu befinden, war schon ein innerer Moment des Glücks und großer Dankbarkeit.

Und nach dem Eintauchen in die dort herrschende betriebsame Atmosphäre tatsächlich mit vier unterschiedlichen Beute-Cupcakes (in einem passenden schwarz-weißen Magnolia Bakery-Kartontäschchen) von dannen zu ziehen, steigerte diesen Augenblick in ein: „Du, kneif mich doch mal …!"

Der reiselustige Ehemann griff sich stattdessen eins der Törtchen, biss hinein und erwiderte grinsend: „Schmeckt nach mehr!"

Die Cupcakes waren sehr *tasty* und *rich*, wie der Amerikaner sagt, also wirklich lecker, aber auch reichhaltig. Dadurch konnte das Abendessen ausfallen. Stattdessen widmeten wir uns noch einem anderen „Bonbon": Wir fuhren zum MAGNOLIA HOUSE, einem Bed & Breakfast-Domizil, welches die Gaines umbauen ließen und nun vermieten. Hier mit Familie und/oder Freunden ein paar Tage zu verbringen, kann sicherlich eine gelungene Aktion werden, an die man sich gern noch Jahre später zurückerinnert.

Für uns kam es allerdings nicht in Frage, wurden wir doch am gleichen Abend noch im *Garage Apartment* als Gäste unserer Freunde wie immer höchst freundschaftlich erwartet und warmherzig empfangen.

Auch ein weiteres Projekt, das Restaurant MAGNOLIA TABLE, das im Frühling 2018 von den Gaines eröffnet und gerade ganz frisch gestartet wurde, wäre einen Besuch bzw. eine Mahlzeit wert gewesen. Neugierig genug darauf waren wir. Aber Sie wissen ja, unser Bauch war bis zum Rand gefüllt mit Cupcakes, die Zeit drängte leider jetzt doch. Und nun gibt es einen guten Grund zum Wiederkommen!

Wie Sie sich sicher vorstellen können, hätte ich zu gern ein Interview mit den Gaines auf ihrer Farm gehabt, schon in Bezug auf dieses Buch. Also schrieb ich im Dezember 2018 eine Mail und fragte an, nicht wissend, dass Joanna und Chip aufgrund der Schwangerschaft andere Pläne verfolgen mussten. Als ich schon längst wieder daheim war aus Texas, etwas enttäuscht, keinerlei Antwort bekommen zu haben, lag eines Tages im Sommer eine sehr persönlich und freundlich formulierte Briefkarte in unserem Postkasten. Von den Gaines und ihrem Magnolia Team.

Witzigerweise traf ich plötzlich auch Leute, ja, ich gestehe, Frauen, in meinem Umfeld, mit denen ich zufällig auf die Sendung FIXER UPPER zu sprechen kam. Zumindest bin ich hier nicht der einzige Fan. Alle „Mädels" bekamen glänzende Augen beim Fachsimpeln über Einrichtung, Dekorationsfimmel und die Tatsache, dass ich schon vor Ort war. Die gemeinsame Begeisterung verschaffte uns immer wieder eine willkommene kleine Fluchtmöglichkeit aus unserem manchmal auch renovierungsbedürftigen Alltag.

Nach wie vor interessiert an ihrer Geschichte sowie dem neuen *Magnolia Table*-Kochbuch und dem *Homebody*-Einrichtungsbuch, welche u. a. nach und nach entstanden und publiziert wurden, nenne ich jetzt einige dieser Bücher mein Eigen und in ruhigen Momenten auf dem blauen Sofa tragen sie dazu bei, mein Englisch noch salonfähiger zu machen und mich dabei nach Waco zu träumen.

Was immer im Traum vorkommt? Mein „Glaube an Wunder!"

Das Wunder, auf der Farm von Chip und Joanna Gaines doch noch mein Interview zu bekommen.

Summer Time

Städte: Houston, Schulenburg, Galveston, Beaumont

Houston

Basics

* **mehr als 2 Millionen Einwohner**
* **größte Stadt in Texas – Sam Houston als Namensgeber**
* **Spitzname *Space City, The Big H, H-Town***
* **Städtepartnerschaft mit Leipzig**

MEINE HOT SPOTS

George W. Bush Airport
Port of Houston
Lyndon B. Johnson Space Center
Museum of Fine Arts
Astrodome Rodeo WM
Houston Galleria
Sprinkles Cupcakes

Wenn Sie mich fragen, warum so etwas eher Profanes wie ein Flughafen zu meinen Hotspots gehört, so lässt sich das leicht beantworten. Es gibt mindestens zwei Gründe: Zum einen bin ich nicht gerade ein Fan von Langstreckenflügen, sie sind eher notwendiges Übel, und ich bin froh und dankbar, wenn wir ohne größere Turbulenzen am Zielort gelandet sind. Zum anderen, wenn der *George Bush Intercontinental Airport* angekündigt wird, die Maschine bis zur Parkposition rollt und ich das Flughafengebäude sehe, dann gibt's ein Kribbeln im Bauch und eine Vorfreude mit dem

Gedanken frei nach Marius Müller-Westernhagen: „Ich bin wieder hier, in meinem Revier", in meinem Lieblingsland, mit dem ich irgendwie auch heimatlich verbunden bin.

Es folgen die Immigration mit Passkontrolle, das Gepäck wird geholt und dann geht's zügig in die Ankunftshalle, um auf amerikanischen Boden bei *Starbucks* den „We are back again-Kaffee" zu trinken. So gestärkt und wieder munter - mit dem speziellen „Houston-Airport-Geruch" in der Nase – werden wir dann mit dem Bus zur Autovermietung gebracht. Das passende Fahrzeug ist meist schnell gefunden, der Country-Sender eingestellt und das Texas-Gefühl im Herzen macht sich breit, wenn wir uns frohgemut auf den Weg in die erste Unterkunft machen. Um am nächsten Morgen nach traditionell amerikanischem Frühstück mit Rührei, Bacon, Pancakes und eher dünnem Kaffee unternehmungslustig in die vor uns liegende Zeit zu starten. Meist bei typisch amerikanischem Wetter mit blauem Himmel, Sonnenschein und heißen Temperaturen, an die wir uns schnell wieder gewöhnen. Herrlich!!

Unsere Freunde aus Schulenburg empfahlen uns bei einem unserer ersten Besuche in Houston den örtlichen Hafen und eine entsprechende Besichtigung – natürlich per Schiff. Ich liebe Boot fahren, der reiselustige Ehemann ebenso. Zudem ist er an Technik interessiert und natürlich an den vielfältigen Fotomotiven, die sich auf solch einer Tour förmlich aufdrängen. Wir entdeckten einen Hafen, den wir in der Größe so nicht erwartet hatten. An unterschiedlichsten Frachtschiffen und riesigen Containerterminals ging's vorbei; Houston ist Umschlagplatz für Güter aller Art, vornehmlich natürlich für Erdöl und Raffinerie-Produkte. Hochspannend, auch wenn man wie ich kaum Technikverständnis hat und amerikanische Erklärungen auch nicht immer weiterhalfen.

Die Zeit verging wie im Flug genauso wie auch im *Lyndon B. Johnson Space Center*. Ich kann mich hier nur wiederholen. Mit wenig technischem Sachverstand ausgestattet zogen mich sowohl Hafen als auch NASA-Gelände derart in ihren Bann, alles war so verständlich aufbereitet, dass keine Langeweile aufkam. Für den reiselustigen Ehemann sowieso nicht. Der geriet allerdings in Stress und ich mit, als der Akku der Kamera den Dienst versagte und er befürchtete, keinen Ersatz dabei zu haben. Glücklicherweise erwies sich das als Irrtum und hocherleichtert spendierte er uns dann zwei Eisportionen zur Abkühlung der Gemüter.

Bei so viel Technik dürfen natürlich auch die schönen Künste nicht zu kurz kommen. Das *Museum of Fine Arts* sucht seinesgleichen, es ist das größte in Texas und beherbergt ca. 62.000 Exponate aus aller Welt und allen Epochen. Man braucht viel Zeit, für Houston generell; wir besuchten damals eine Schmuck-Ausstellung und waren für zwei Stunden verzaubert von filigranen Arbeiten, fein aufeinander abgestimmten Farben und phantasievollem Design.

Sportlich waren wir natürlich auch unterwegs als (passive) Teilnehmer der Rodeo Weltmeisterschaft im Astrodome. Nicht nur Rodeo vom Feinsten wurde hier geboten, sondern einer unserer Lieblingscountrysänger, Brad Paisley, gab zum Abschluss des Sportereignisses ein Live-Konzert. Glück muss der Mensch haben! Yipphie!!

Da wir um gewisse Konkurrenzgedanken bezüglich der Galleria-Standorte wissen, sei hier nur soviel gesagt: Wir schätzen alle Galleria Shopping Malls gleichermaßen; die Vielfalt der Geschäfte, des Angebots generell ist unvergleichlich. Der reiselustige Ehemann und ich können Stunden in solchen Konsumtempeln zubringen, wenn auch in unterschiedlichen Geschäften, meist nur um zu schauen. Es gibt scheinbar nichts, was es nicht gibt. Aufgrund der letzten Einkäufe vor dem Heimflug („Das muss unbedingt mit nach Deutschland, das bekomme ich dort nicht!!!“) sind wir meist in Hektik und allerletzter Minute vornehmlich in Houston einkaufsmäßig unterwegs und die Gelegenheit ist günstig, „Texas Feeling“ nach Deutschland hinüber zu retten.

Aromatisierter Kaffee (Vanille-Haselnuss oder Karamell) für den Start ins deutsche Wochenende, Kosmetik, die letzten Souvenirs für Daheimgebliebene und Blumengießer und – eins vielleicht auch für mich (bei dem der reiselustige Ehemann dann oft schmunzelnd mit den Augen rollt …: „Brauchst du das wirklich??") Meist ist der Heimflug dann ohne nicht möglich, das Gepäck wird anstandslos neu sortiert („DANKE, reiselustiger Ehemann!") und danach heißt's wieder mal Abschied nehmen.

Die Warterei in der Abflughalle versüßen wir uns oft mit Cupcakes. Vorher an der *Westheimer* bei *Sprinkles* eingekauft und einem letzten Cappuccino Haselnuss-Vanille verspeist (übrigens: die *Westheimer*, auch so typisch für mich. Sehe ich dies Straßenschild, bin ich in Houston!). Praktischerweise bot die Filiale auch Backmischungen für den heimischen Herd an. Sonst kein Freund davon, passte die schlanke Dose der Geschmacksrichtung *Spice* aber zufällig in meine Handtasche und durfte mit ins Weserbergland. Und ich muss gestehen: Das Ergebnis war gar nicht so schlecht.

Mein Highlight: In Houston fühle ich mich back home!

Schulenburg

Basics

* **ca. 3000 Einwohner**

* **beherbergt das Texas Polka Music Museum**

* **Siedlungsgebiet von tschechischen und deutschen Auswanderern im 19. Jahrhundert**

* ***Kolaches*: in örtlichen Bäckereien erhältliches tschechisches Gebäck**

* **Motto: *Gateway to the Rolling Hills***

MEINE HOT SPOTS

FM Farmland
Ice Cream und Bluebonnets
Carol's Burger
Hunters Meal
Dance Hall
Schulenburg Festival
Spring Picnic
Painted Churches

Schulenburg – ich liebe diesen kleinen Ort! Wer richtiges Cowboy-Feeling will, der bekommt es hier. Hier erlebe ich zum ersten Mal, dass in der Umgebung keine Straßennamen zu finden sind, sondern Bezeichnungen wie FM und dann eine dazugehörige Nummer. Auf Nachfrage wurde mir erklärt, dass FM Farmland bedeute und die Nummer zum entsprechenden Areal gehöre. Auch wichtig für den Briefträger; die typisch amerikanischen Postboxen stehen nämlich nicht am Haus, sondern entlang der Straße, um die Auslieferung zu erleichtern. Reckt sich das rote „Fähnchen" vorwitzig in die Höhe, könnte auch ein Brief aus *good old Germany* angekommen sein. Bevor man zu den meist versteckt liegenden Farmen kommt, meist erreichbar über etwas staubige und holprige Wege, wird man von mindestens einem „Hund des Hauses" laut bellend begrüßt. Die Farmhäuser liegen inmitten der Natur, entgegen der Vorstellung vom „trockenen Texas" findet man hier zumindest ein Blumenmeer, das immer den Frühling ankündigt.

Apropos Blumenmeer: Riesige Felder von *Bluebonnets* (Lupinen), der texanischen Staatsblume, schmücken ab Ende März besonders die Gegend um Brenham. Leuchtend blaue Blütenteppiche, unterbrochen von gelben und roten Blütenpflanzen – es ist eine Pracht! Der reiselustige Ehemann war davon so begeistert, dass er auf der Tour nach Schulenburg extra einen Umweg fuhr, um mir dieses Schauspiel zu präsentieren. Die zusätzlichen Meilen haben sich wirklich gelohnt, zumal sich im Gebiet eine bekannte Eisfabrik – die *Blue Bell Creameries* – befindet, die köstliches Speiseeis produziert. Viele verlockende Geschmacksrichtungen machten uns die Kaufentscheidung so schwer, dass wir kurzerhand nacheinander zahlreiche Sorten probieren *mussten*. Wie viele, psst, das bleibt unser Geheimnis, aber sie konnten unser Abendessen problemlos ersetzen. Kalorien? Bestimmt gaaanz wenige. Lebensgefühl? Gaanz viel!!

Eiscreme in der Hand, blauer Himmel über und blau blühende Bluebonnet-Felder vor uns; es hatte etwas von *blau machen* und ließ uns die *Leichtigkeit des Seins* erleben.

In Schulenburg selbst ging es dann weiter mit kulinarischen Köstlichkeiten, sei es in *Carol's Café* oder dem *Hunters Meal*. Im Café gibt es Burger, die ihresgleichen suchen. Extrem leckere *Patties* (flache Frikadellen) aus Rind oder Hühnchen, auch als Cheeseburger zu haben, saftig, perfekt gewürzt und serviert in einem weichen Brötchen aus Sauerteig. Die Pommes knusprig goldgelb und wie man es kennt aus vielen Filmen – serviert im roten Plastikkörbchen mit rotweißer Serviette.

Rings um uns reinstes texanisches Stimmengewirr (außer uns gab's keine Touristen) und wir fühlten uns so heimisch wie im siebten Texashimmel.

Ungewöhnlich, aber ebenso spannend entpuppte sich unsere Teilnahme am *Hunter's Meal*. Dank unserer Freunde durften wir eintauchen ins ländliche Texas. Unterschiedlichste Wildgerichte, Ragouts und Beilagen, alles rustikal serviert, waren für uns ein nicht alltäglicher Gaumenschmaus. Jäger und ihre Gäste feierten eine erfolgreiche Saison. Trophäen in Form von aufgehängten Geweihen und von präparierten Hirsch-, Reh- und Wildschweinköpfen wurden ausgestellt und waren zu bestaunen. Manche Augen schauten gar grimmig von der Wand; unfreiwillig aus dem Leben scheiden zu müssen ist ja auch ein hartes Schicksal. Da wirkte die kleine Präsentation von landwirtschaftlichen Maschinen, Traktoren und Jagdzubehör doch weniger bedrohlich. Richtig anheimelnd dagegen begrüßte uns ein Wolpertinger. Er heißt hier CROCKA-BUCKADUCK, aber das wussten Sie bestimmt.

Die *Sengelmann Hall* auf Schulenburgs Mainstreet kennen wir inzwischen auch; eine historische Stätte mit Tanzhalle und Restaurant *Momma's*. Humorvolles Personal, das Gebäude sprüht vor Charme, die *Dance Hall* lädt zum Tänzchen ein und wenn ich nicht schon verheiratet wäre, wäre das mein Ort für eine stylische Country-Hochzeit im Western Outfit.

Und sollte es gar nach deutscher Sitte eine „Brautentführung" geben, würde ich mir wünschen, aufs Schulenburg Festival gebracht zu werden. Es findet immer am ersten Wochenende im August statt. Neben Live Musik und Chili-Kochwettbewerb erlebte ich hier mein erstes Rodeo und bin seitdem großer Fan der verschiedenen Genres. Der reiselustige Ehemann begeistert sich am meisten für das *Mutton Bustin'*, wo schon allerkleinste Nachwuchscowboys ihr Rodeo-Glück auf dem Rücken eines Schafbocks herausfordern („Ich versuche, so lange wie möglich oben zu bleiben …").

Meine bevorzugte Rodeo-Disziplin ist das *Barrel Racing*, weil ich es unglaublich finde, wie die jungen Ladys mit wehendem Haar und „gut behütet" schnellstmöglich auf dem Pferderücken um drei Fässer galoppieren. In einer Geschwindigkeit, in der es den ein oder anderen rosa Cowboyhut nicht mehr auf dem Kopf der Reitamazone hält.

Das alljährlich stattfindende *Spring Picnic* bei unseren Freunden möchte ich unter das Motto stellen:

Grandiose Großherzige Gastfreundschaft Garantiert Großartiges Gelingen!

Ein dickes Dankeschön für eure jährliche Einladung dazu!

Seitdem weiß ich, was ein ordentliches Bar-B-Q ist. *Texas Size* eben …

Was wir auch erleben durften, historisch und kunstgeschichtlich aufbereitet, war eine Tour durch die *Bemalten Kirchen* im Umkreis von Schulenburg. Wer sich für diese Kleinode von Kirchenkunst interessiert, wird begeistert sein von den tschechisch und deutsch inspirierten Malereien, mit denen die Kirchen (gebaut im 19. Jahrhundert) verschönert worden sind.

Mein Highlight: In Schulenburg fühle ich mich immer gut aufgehoben!

Galveston

Basics

* **mehr als 50.000 Einwohner**
* **liegt auf der vorgelagerten Insel *Galveston Island***
* **ist Sitz des Symphonieorchesters (*Galveston Symphony Orchestra*)**
* **in Galveston County existiert eine Sektion der *Texas German Society***

MEINE HOT SPOTS

pastellige Stranddomizile
Seawall Promenade
Murdoch Souvenirs
Historic Pleasure Pier
Pelikane
Strandbar
Schlitterbahn
Moody Gardens
Eisenbahn, Museum
Hafen
Herrenhäuser

Komisch, mit Galveston war es bei mir keine Liebe auf den ersten Blick. Dafür hatte ich mich auf den zweiten dann total verknallt in die Stadt. Auch heute bekomme ich sofort glänzende Augen, wenn wir nach Texas fliegen, denn: Ein zumindest kurzer Abstecher nach Galveston muss sein!! Dabei gebe ich mich dann schon mit wenig zufrieden. Ich hatte Phasen in meinem Leben, da wäre ich auf der Stelle und sofort dorthin umgesiedelt. Nachdem ich den zweiten Blick geworfen hatte …

Ich liebe ja das Meer. Meer geht immer! Und ich liebe Strand. Folgerichtig war ich auf der Stelle hochgradig verliebt in die schnörkeligen, pastellfarbenen, holzverkleideten Strandhäuser, die so pittoresk und verträumt in den Siedlungen ein wenig außerhalb am Strand stehen. Ebenso pittoresk und verträumt sah ich mich in diesen Häuschen wohnen, im Türmchen lesen, aufs Meer schauen, die Wellen beobachten und dabei über das Leben zu philosophieren, bis der reiselustige Ehemann mich sanft in die Wirklichkeit zurückholte: „Bedenke unser 90 Tage Visum!" Das wiederum hätte mich auch nicht gestört, wenn mir nicht plötzlich die Dauer der deutschen Sommerferien eingefallen wären. Noch viel kürzer als das 90 Tage Visum!

Also aus der Traum vom *permanent resident*, aber die Kurztrips bleiben und meine Leidenschaft fürs Maritime ebenfalls. Da ist man am *Seawall Boulevard* direkt richtig. Die Uferstraße führt am Strand entlang, bietet wunderbarste Fotomotive und vor allem einen riesigen Souvenirshop, *Murdochs*, wo man nach Herzenslust einkaufen kann, was das nautische Sammlerherz begehrt. Ich werde dort immer fündig, während der reiselustige Ehemann nach gefühlten Stunden der Beobachtung seiner begeistert shoppenden Gattin längst ermattet im Adirondeck versackt ist, um mit eisgekühlter Cola seine Lebensgeister wieder zu wecken. Selbige hat dann hinterher allerdings auch einen Drink nötig. Einkaufen macht durstig. Im heißen Texas sowieso!

Der *Historic Pleasure Pier* bietet Amüsement der anderen Art. Ein bisschen wie Jahrmarkt, locken ein Riesenrad und Fahrgeschäfte jeglicher Couleur den Besucher, sich dem Geschwindigkeitsrausch hinzugeben. Dazwischen stärkt man sich mit *Fast Food* und *eisgekühlten Kaltgetränken*. Der amerikanische Durchschnittsmagen ist an derlei gewöhnt, meiner definitiv zu sensibel für solche Aktionen. Der reiselustige Ehemann riskiert zwar einen leicht sehnsüchtigen Blick Richtung Achterbahn, entscheidet sich dann aber aus Vernunftgründen dagegen („Ich zahle doch nicht den kompletten Eintrittspreis für einmal *Roller Coaster*. Sehe ich gar nicht ein.") Trotzdem, des Abends wird alles beleuchtet, es blinkt und flackert in unterschiedlichsten Farben und ist aus der Distanz einfach wunderhübsch anzusehen.

Komplett kostenlos und auf jeden Fall dezenter ist das bemerkenswerte Schauspiel, dass ich dem lauten Trubel auf dem *Pleasure Pier* vorziehe: Das *Formationsfliegen der Pelikane*. Man schaut andächtig nach oben und bewundert deren anmutige Flugkunst. Sie haben es mir besonders angetan, diese Vögel, und ich habe gerade in Galveston schon geraume Zeit damit verbracht, ihnen bewundernd zuzusehen. Immer wieder ein Erlebnis!

Besonders, wenn man dazu die Bar auf dem *Galveston Fishing Pier* besucht, die an der Uferstraße auf einem Steg liegt. Man schaut aufs Wasser und genießt die texanischen Temperaturen. Wer mag, bestellt sich einen Cocktail oder Saft, dazu eine leckere Kleinigkeit zu essen und dann kommt der Clou: Sie dürfen sich das benötigte Besteck samt Serviette aus einem weiß-grauen Plastikhaifischmaul herausangeln.

Herrlich, ich liebe solche Kuriositäten!! Und da auch das Personal super freundlich ist, sehen wir den„Haifischzähnen" immer höchst erwartungsvoll entgegen. Wer genug vom Meer hat, aber trotzdem äußerliche Erfrischung sucht, orientiert sich Richtung *Schlitterbahn*, einem Wasserparadies vom Feinsten. Man darf allerdings weder geräusch- noch spritzwasserempfindlich sein. Die unterschiedlichsten Wasserrutschen von gemächlich bis High Speed (kreisch!!) sind angesichts heißer texanischer Sonne eine durchaus praktikable Möglichkeit, die eigene Körpertemperatur wieder auf „normal null" zu bringen.

Oder man geht zur Entspannung in die *Moody Gardens* direkt gegenüber. In den drei gläsernen Pyramiden werden Sie u. a. in den *Regenwald* entführt, schauen 4D-Kino oder echte Haifische im Aquarium. Ich war von den Seepferdchen so begeistert, dass ich mit dem Handy ein kleines Video drehte und hätte stundenlang zusehen können, wie sich die höchst filigranen kleinen Tierchen – als seien sie Teilnehmer bei *Let's Dance* – anmutig und wie in Zeitlupe bewegten.

Auch Eisenbahnfans kommen hier wieder mal auf ihre Kosten, der reiselustige Ehemann jubelte ob des hiesigen *Railroad Museums*. Kunstliebhaber finden viele kleine Galerien. Unsere Freundin Beverly Penn stellte hier am Hafen im Galveston Arts Center ihre *Second Nature Kunst* aus. Ehrensache, uns ins „Guest Book“ einzutragen.

Mit Blick auf die riesigen Kreuzfahrtschiffe vertilgten wir eine üppige Portion äußerst schmackhafter *Onion Rings*, um uns für eine Besichtigung alter Herrenhäuser, z. B. *Moody Mansion* und *Bishop's Palace* zu stärken. Wer es süß mag, besucht *La King's Confectionery and Ice Cream Parlour*.

Mein Highlight: In Galveston fühle ich mich richtig heimisch!

Beaumont

Basics

* **mehr als 115.000 Einwohner**
* **selbsternannte *Museumshauptstadt* von Texas**
* **liegt mit *Port Arthur* und *Orange* im *Golden Triangle* (bedeutende Ölindustrie)**
* **Geburtsort von Mark Chesnutt (Countrysänger, geb. 1963)**

MEINE HOT SPOTS

Museen, Museen …
Cupcakes
Steaks

Ich muss gestehen, dass Beaumont erst einmal nicht auf meiner Liste der Städte stand, an denen ich großes Interesse hatte. Schon allein darum, weil mit mir und dem Bereich Technik/Industrie, für den Beaumont bekannt ist, zwei Welten aufeinander prallen. Dabei gibt es so viel zu sehen. Das wusste ich bis dahin allerdings nicht. Dennoch schien die Stadt uns das nicht übel zu nehmen, sondern gerade deshalb unseren Besuch zu wünschen; wir kamen nämlich aus Richtung Louisiana und suchten nach einem Quartier.

Im *Visitor Information Center* bekommt man immer sehr detailliert Auskunft und oft auch großzügig Prospektmaterial. Als ich das Heft über Beaumont durchblätterte, fiel mir die Werbung eines Cupcake-Lädchens auf und natürlich, Sie ahnen es, da musste ich hin. Der reiselustige Ehemann grinste und zeigte sich einverstanden, in Beaumont zu übernachten, um die ultimativen Cupcakes in *Gigi's Shop* zu probieren. Allerdings nur unter der Bedingung, abends von mir zum Steakessen eingeladen zu werden. So als Ausgleich zum Zuckerschock. Ihm den Wunsch abzuschlagen, wäre mir nicht in den Sinn gekommen, ich bin leider sehr anfällig für Cupcakes. Und die Fotos dieser Küchlein mit hoch aufgetürmtem Frosting sahen geradezu himmlisch aus!

Witzigerweise bekamen wir gerade in Gigi's Bäckerei den Tipp eines grandiosen Steakrestaurants. Köstlichstes zartes Rindersteak mit passenden Gemüsebeilagen und selbstgemachtem Kartoffelstampf, leichte Knoblauchnote inklusive. Einfach zum Niederknien. Und nicht nur als Dank kaufte ich am nächsten Morgen den halben Cupcake Laden leer. Es stellte sich nämlich flink die Frage, welche nehm' ich nur??? Lieber die mit *Kokosnuss* oder die mit *Salzkaramell*? Oder besser die mit *Zitronengeschmack*? Weil sauer lustig macht! Aber *Espresso-* oder *Minzcreme* hören sich auch so verlockend an. Alle phantasievoll verziert und zum Anbeißen süß. Entscheidungen, Entscheidungen! Wir verließen die Stätte der „süßen Verführung" mit vielen kleinen gefüllten Kartons – weil wir uns nicht entscheiden konnten.

Wir haben in Beaumont also hemmungslos geschlemmt und ... Museen angeschaut. Der reiselustige Ehemann scheute keine Kosten und Mühen, dem *Texas Energy Museum* einen Besuch abzustatten. Hoch beeindruckt erzählte er mir hinterher von der Rekonstruktion des ersten Bohrlochs (… nach Öl). Und den vielen interaktiven Möglichkeiten des Museums. Hier werden gestandene Männer dann wieder zu kleinen Jungs, ein ähnliches Phänomen wie bei der elektrischen Modelleisenbahn … Beaumont nahm ab 1901 eine rasante Entwicklung bezüglich der Ölförderung. Wer sich dafür besonders interessiert, dem sei das Museum *Gladys Boomtown* empfohlen, der ersten Erdölsiedlung von Texas. Hier auf dem *Spindletop Hill* nahm die spätere Gründung all der großen Ölfirmen seinen Anfang.

Da sich Beaumont zudem als Museumshauptstadt von Texas betitelt, hier noch der Hinweis auf die anderen: Sehenswert sind auch das *Edison Museum*, das *Clifton Steamboat Museum*, das Feuerwehrmuseum (*Fire Museum of Texas*) und das Kunstmuseum (*Art Museum of Southeast Texas*). Spannend auch das *Chambers House*, das *John J. French House Museum* und als Drittes im Bunde das *McFaddin-Ward House*, ganz in der Nähe des *Chambers House*. In allen Dreien taucht man ein in die Vergangenheit von Beaumonter Familien, ein Stück Geschichte sicht- und erlebbar gemacht. Lifestyle pur sozusagen! Das *Babe Didrikson Zaharias Memorial Museum* widmet sich weiblichen Sportlerinnen, allen voran Mildred „Babe" Didrikson Zaharias, einer herausragenden amerikanischen Athletin und Goldmedaillengewinnerin von 1932. Und last but noch least sei das Kinder Museum (*Children's Museum*) erwähnt. Nein, hier werden keine Kinder ausgestellt, sondern man kann mit ihnen, sofern sie noch nicht zu alt sind, vergnügliche Stunden mit Puppentheater und Tierbabys verbringen.

So, nun hoffe ich, dass ich keines der Museen vergessen habe. Aber das Attribut *Museumshauptstadt von Texas* passt doch wirklich perfekt, oder?

Mein Highlight: In Beaumont fühle ich mich an Leib und Seele bestens versorgt!

Add-on: Sweet and Salty – Kulinarisches aus Texas

Essen, Trinken und ein paar spezielle Rezepte

Bei meinem ersten Besuch in Texas 1993 kam ich nicht nur geographisch, sondern auch kulinarisch in eine komplett andere Sphäre.

Natürlich war ich hier in Deutschland längst in Kontakt gekommen mit diversen amerikanischen Fast Food Ketten, aber das amerikanische Bar-B-Q hieß hier schlicht „Wir grillen!" und Muffins geschweige denn Cupcakes kannte lange kein Mensch aus meinem Umfeld.

Wie Sie ja bereits wissen, liebe Leser, ging es bei mir daheim eher gutbürgerlich zu. Mutter und Großmutter waren hervorragende Köchinnen und backten sensationell, Baumkuchentorte und Frankfurter Kranz waren traditionelle Geburtstagskuchen und selbst mein Vater wurde hochgelobt für Käsetorte und seinen berühmten 300-Gramm-Kuchen. Selbst wir Kinder, mein jüngerer Bruder und ich, entwickelten eine gewisse Backleidenschaft und Kuchen essen wir alle bis heute gern. Noch nicht mal die uns bekannten zuckergussglasierten *Amerikaner* waren ursprüngliches amerikanisches Gebäck, sondern schlicht und sehr deutsch.

Jede Hausfrau, die etwas auf sich hielt, kochte vorzügliches Gulasch, die Rouladen gab's mit Rotkohl und ein Schweinebraten mit Mischgemüse war auch immer gern gesehen auf dem sonntäglichen Mittagstisch.

Ein richtig perfektes Schnitzel zu braten erwies sich als hohe Kunst, die meine Großmutter mühelos beherrschte. Hätte ich sie aber drum gebeten, mir ein richtig gutes Steak auf den Punkt zuzubereiten, hätte sie mich verständnislos angesehen.

Von daher waren viele Gerichte, Zutaten und letztendlich Geschmacksrichtungen, die ich dann in Amerika, speziell auch in Texas kennenlernte, also auch in dieser Hinsicht ein Aufbruch in eine neue Welt.

Eine Welt, die mich bis heute begeistert. Wahrscheinlich, weil sie einfach so AMERIKANISCH ist und für mich so nach großer Freiheit schmeckt. Damit bleibt selbst das dortige Essen bis heute verknüpft an den Traum meiner Jugend.

Und natürlich ist „mein Essen" keine Sterneküche. Es ist das typisch amerikanische Frühstück mit Rührei und Bacon oder kleinen Würstchen, garniert mit Ketchup. Es ist der *French Toast* mit Ahornsirup. Es sind die fluffigen *Pancakes* (kleine Pfannkuchen) mit Blaubeeren. Es sind *Baked Beans* (weiße Bohnen in Tomatensoße) und *Hashbrowns* (eine Art geschredderter Bratkartoffeln). Alles gerne zusammen serviert auf einem Teller, wenn man es so wünscht. Falls das nicht reicht und der Orangensaft bereits geleert ist, bestellt sich der geneigte Gast auch noch einen Obstteller mit frischen Früchten. Fürs gute Gewissen.

Nie, nie, nie würde ich eine derartige Mischung in Deutschland essen und schon gar nicht zum Frühstück.

Aber: In Amerika gehört es dazu!

Genauso wie der aromatisierte Kaffee, den ich hier in den USA kennen- und lieben lernte. Immer brachten wir von unseren Reisen Kostprobenpäckchen mit für Freunde und Verwandte. Und wie so oft im Leben, auch er polarisierte. Entweder man liebte ihn auf Anhieb oder verabscheute ihn auf ewig. Wir liebten ihn auf Anhieb und probierten uns durch sämtliche Geschmacksrichtungen zahlreicher Firmen (Haselnuss, Vanille, Schokoladentrüffel, Mandel, Karamell, Pecannuss …) Zollerlaubte Mengen brachten wir stets mit und nur zum Wochenendfrühstück wurde er aufgebrüht, um so lange wie möglich das Amerika Feeling zumindest am Samstag und Sonntag herzustellen. Denn originaler Nachschub war schwer aufzutreiben.

In Amerika beginnt also der erste Morgen und der Tag der Abreise traditionell mit dem oben genannten üppigen amerikanischen Frühstück. Dabei stellt sich dann spätestens die „Hey, we are back again"-Stimmung ein, das breite Grinsen und die leichte Glückseligkeit in der Herzgegend.

I love it!!!!

Glücklicherweise hält dieses Gefühl während der Dauer unserer Reisen an, denn jeden Tag so zu frühstücken würde auch die größte Jeans sprengen, also essen wir die restlichen Tage so gesund wie möglich. Denn, auch wenn man es nicht glauben mag, frisches Obst, Müsli mit Beeren oder warmes Porridge sind durchaus erhältlich und schmackhaft.

Auch an den ersten Willkommens-Aperitif bei unseren Freunden kann ich mich gut erinnern. Es war der Abend des 2. Weihnachtsfeiertages, und ich stand in meiner Sternen Hot Pants gemeinsam mit dem damals reiselustigen Fast-Ehemann in einer texanischen Küche an einer texanischen Kücheninsel und bekam eine *Frozen Margherita* serviert; ich glaube, nur echt mit dem Salzrand am Glas. Dazu eine selbstgemachte texanische Salsa, in die man unterschiedliche Sorten von Maistortilla Chips (*Nachos*) tauchte. Noch nie hatte ich so etwas bisher gesehen, geschweige denn gegessen. Ich kannte nur Kartoffelchips.

Und in der Atmosphäre des Gefühls: „Hier ist grad ein Traum in Erfüllung gegangen!" war es phantastisch! Es war neu, es war unbekannt, es war von texanischer Schärfe und begleitet von eisgekühltem Cocktail.

Einer der Highlight-Momente meines Lebens – ein Geschenk!

Da unsere Freunde mitbekamen, wie begeistert wir vom Warenangebot in den Geschäften waren, nahmen sie uns oft zum Einkaufen mit und erklärten uns ausdauernd und geduldig all die exotischen Spezialitäten aus der sogenannten *Tex-Mex-Küche* und die Zutaten der amerikanischen Leibspeisen.

Wer wie ich die Vielfältigkeit bestaunen und Wahlmöglichkeiten schätzen kann, darf sich in amerikanischen Supermärkten fühlen wie ein Kind bei

Toys „R" Us zur Weihnachtszeit. Ich konnte und kann Stunden darin verbringen, um mich an wieder neuen interessanten Lebensmitteln und der optischen Präsentation von Obst und Gemüse erfreuen. Es gibt scheinbar nichts, was es nicht gibt.

Daher ist es nicht verwunderlich, dass zumindest damals unsere Mitbringsel oft aus Lebensmitteln bestanden, die bei uns zu Hause noch unbekannt waren. Einmal führten unsere bis obenhin mit *Corn Chips* und *Salsa* angefüllten Handgepäcktaschen zum augenzwinkernden Entsetzen eines niederländischen Zollbeamten, der sich angelegentlich erkundigte, ob in Deutschland eine Hungersnot zu erwarten sei.

Die rein texanische Küche ist natürlich berühmt für ihre Steaks. Ehrlich gesagt bin ich kein großer Steak-Fan, aber als ich es in einem Restaurant vorgesetzt bekam und wider Erwarten köstlich fand, gehört nun auch das obligatorische Rindersteak mit *Onion Rings* (frittierte Zwiebelringe) und Kartoffelbrei zu einem gelungenen Texas-Aufenthalt. Salate wie z. B. der bekannte *Cole Slaw* (Weißkohl-Möhren-Salat) oder *Potato Salad* (Kartoffelsalat) vervollständigen die Mahlzeit.

Und ich habe mittlerweile vollstes Verständnis für die texanische Freundin, die stur erklärt, Steaks esse sie ausschließlich in Texas. Ich kann ihr nur beipflichten. Es gibt keine besseren! Finde ich. Seitdem halte ich es wie sie.

Sollten Sie, liebe Leser, jemals zu einem texanischen Bar-B-Q eingeladen werden, zögern Sie nicht, daran teilzunehmen. Auch ich hatte die Gelegenheit, „draußen grillen" in seiner Reinform miterleben zu dürfen. Wenn ich hier erwähne, es sei *Texas Size* gewesen, dann wissen Sie, was ich damit sagen will: *Texas Size* meint gigantisch, sowohl in Bezug auf Quantität als auch Qualität. Nie vorher habe ich solche Mengen an Grillgut gesehen; ob

Steaks, ob Würste, alles war unglaublich lecker und in der freien Natur – fast wie ein Cowgirl – schmeckte es nochmal so gut. Mit dem Hut auf dem Kopf und den Boots an den Füßen fühlte ich mich ganz wie eine Statistin beim Westerndreh. Allerdings fehlte das obligatorische Pferd und daher auch die Sporen an meinen Stiefeln.

In Texas findet man überall auch Elemente der kreolischen und mexikanischen Küche. Kreolisch durch den Nachbarstaat Louisiana, sogenanntes TEX-MEX Food natürlich durch das Nachbarland Mexiko. Dadurch wurde die rein texanische Speisekarte um einiges bereichert.

Die berühmteste und sicherlich auch bekannteste Spezialität ist natürlich das *Chili con carne*, ein Eintopf aus stückig gekochtem Rindfleisch, Zwiebeln und einer meist feurig scharfen Chilisoße, aufgepeppt mit speziellen Gewürzen. Und traditionell ohne Bohnen. Hierfür lege ich meine Hand allerdings nicht ins Feuer, zu unterschiedlich scheinen die Auffassungen selbst in Texas zu sein. Ich mag übrigens beide Versionen und das in Deutschland bekannte Chili mit Rinderhack ist eins meiner Lieblingsessen.

Zu den TEX-MEX-Menüs gehören natürlich die bereits oben erwähnten *Nachos*, auch mit Käse überbacken erhältlich. Dann *Burritos* (weiche Weizentortillas) und *Enchiladas* (weiche Maistortillas) mit unterschiedlichen Füllungen, dazu gibt es *Frijoles* (Bohnenpüree) als Beilage. Eine hausgemachte *Salsa* auf Tomatenbasis gehört fast immer dazu. Die wird dann bereit gestellt zum Dippen für *Tacos* oder *Tostados* (fritierte, knusprige *Tortillas*).

Als Dip darf natürlich auch die *Guacamole* aus Avocados und Tomate nicht fehlen. Fleisch gibt es auch noch in Form von *Fajitas*, Steakstreifen, die mariniert wurden und gegrillt auf den Tisch kommen.

In Texas probierte ich auch das erste Mal *Tamales*, eher typisch mexikanisch. Es sind eine Art Teigrollen, gefüllt mit feingehacktem Fleisch und/oder Gemüse. Interessanterweise verstecken sie sich in einem Maisblatt. Darin sind sie beim Verkauf nämlich eingewickelt und werden auch so gegart. Allerdings nicht so gegessen. Für den Verzehr müssen sie ausgewickelt werden; alles andere wäre ein höchst zweifelhaftes Geschmackserlebnis. Wenn überhaupt, denn ich bezweifle, dass man diese doch recht festen Maisblätter gekaut geschweige denn geschluckt bekäme.

Wem die Tamales (so wie mir) schmecken und wer sich dann noch *Okraschoten* nähert zum Verkosten und auch diese „tasty" findet, hat das Zeug zum Cowboy.

Mir wurde damals spaßeshalber durch unsere Freunde der Titel *German Cowgirl of Texas* verliehen.

Deftiges Essen, hoch kalorienreich und oft scharf und noch schärfer gewürzt, findet man in Texas also ständig. Warnt die Speisekarte vor einem Gericht mit dem Begriff HOT (scharf!), darf man das ruhig glauben. Unsere deutschen Gaumen verstehen unter „scharf" oft etwas pikant Gewürztes und manche Leute wundern sich dann, wenn ihnen das Essen die Tränen in die Augen treibt und der Hustenreiz sie fast vom Stuhl fegt. Die Schärfe verursachen natürlich die Chilischoten, deren Schärfegrad in der *Scoville*-Skala dokumentiert ist und in Einheiten gemessen wird. Wenn es auch sacht anfängt, enden tut es bei „Unmenschlich". Vorsicht ist also dringend geboten!

Der Vollständigkeit halber hier auch noch eine kurze Anmerkung zur kreolischen Küche: Am bekanntesten sind das JAMBALAYA (eine Mischung aus Reis und Schinken, zu der sich Tomaten, Fleisch, Zwiebeln,

Pfeffer und vielfältige Gewürze gesellen). Ehrensache, dass jedes Restaurant, das etwas auf sich hält, sein spezielles Familienrezept hat und mindestens ein Geheimgewürz beifügt.

Die andere Spezialität nennt sich GUMBO und ist ein Eintopf. Unterschiedliche Fisch-, Gemüse- und/oder Fleischsorten werden mit einer Mehlschwitze hell- bis dunkelbraun eingekocht, dabei intensiv gewürzt und meist mit Reis serviert.

Doch wieder zurück nach Texas.

Natürlich ist es das Land der Steaks, auch wenn ein *Chicken Fried Steak* nichts vom Huhn, sondern ein paniertes Beefsteak ist. Also Achtung bei der Bestellung!

Aber es ist auch das Land der *Burger*. Durch unsere Freunde landeten wir in *Carol's Café*, einem Imbiss mit selbstgemachten echt texanischen Burgern. Serviert im Plastikkörbchen, ausgelegt mit dünner rot-weißer Serviette, war und ist das der beste Cheeseburger, den ich je in meinem Leben gegessen habe. Grandios! Und dazu hausgemachten *Iced Tea* (Eistee). Der ist ungesüßt, mit Zitronenscheiben angereichert und in texanischer Hitze ein wunderbarer Durstlöscher.

Ach ja, kommen wir noch zu den Getränken: Neben dem Iced Tea gibt es die gesamte Breite an Säften und Soft Drinks, immer mit viiiel Eiswürfeln serviert. Wer es alkoholisch liebt, trinkt helle, eher leichte Biere oder Wein, da es auch in Texas inzwischen hervorragende Anbaugebiete gibt.

Bei den Cocktails sei besonders die *Margarita* auf Grundlage von Tequila und Triple Sec erwähnt. Ob gefroren mit Obstsirupanteil (z. B. *Frozen Strawberry Margarita*) oder klassisch mit Salzrand und Limonensaft; die Bestellung ist abhängig davon, ob man es eher säuerlich oder lieber süß mag. Doch auch hier bitte aufpassen: Die texanischen Alkoholgesetze sind streng!

Was Desserts betrifft, wird neben frischem Obst oder Obstsalat gern ein Stück *Pie* (Mürbeteigboden mit unterschiedlichem Belag) gegessen. Ob *Pekannuss Pie*, *Aprikosen Pie* oder *Apple Pie*, selbstgemacht schmeckt es unvergleichlich und wird oft mit einer Kugel Vanilleeis serviert.

Überhaupt gibt es viele Zuckersachen, auch so für zwischendurch. Die Süßigkeitenregale in den Supermärkten sind aufs Beste bestückt, in einer Üppigkeit, die mich bis heute staunen lässt. Die Bäckerei-Abteilungen bieten Cupcakes in allen Variationen und zu allen Gelegenheiten an. Bunte kleine Torten zum Geburtstag sind ein beliebtes Geschenk, intensiv farbig und meist ebenso süß.

Wer es kleiner, aber auch klebrig mag, sucht sich aus der Vielfalt der Donuts den richtig glasierten aus. *Bagels*, *Banana Bread* und *Blueberry Muffins* – letztere gern auch XXL – finden ihre Käufer. *Cookies* mit Schokolade oder Nüssen, Zimtrollen oder *Butterscotch-Popcorn*, das Angebot für Süßschnäbel ist reichhaltig. Da aber Selbstgemachtes meiner Meinung nach immer besser schmeckt, gibt es im Anschluss an dieses Add-on noch ein paar originale Familienrezepte, zur Verfügung gestellt von unseren Freunden.

Rezepte:

Sara's Pie (Mürbeteig-)Boden
Aprikosenkuchen / Apricot Pie
Texanischer Pecannuss Kuchen / Pecan Pie
Apfelkuchen / Apple Pie
Schoko „Rice Crispy“ Bissen nach Texas-Art
Sahniger Grünkohl-Rosenkohl-Cranberry-Salat

Sara's Pie (Mürbteig-)Boden

Teig reicht für zwei Pie- oder 24er Springform Böden – einer als Boden und einer für die Gitterverzierung/Pie-Deckel (bei einem Frucht Pie). Wenn ein Pecan Pie oder ein anderer Pie mit nur einem Boden hergestellt werden soll, fertigen Sie die gleiche Menge Teig. Wenn ein Rest bleibt, frieren Sie ihn ein, um ihn später zu nutzen.

2 cups (240 g) Mehl

1 cup (225 g) Crisco Shortening (Fett, ggf. im Internet bestellen, ersatzweise Palmin soft)

ca. 1/2 cup (120 ml) Buttermilch

1/4 TL Baking Soda (ersatzweise Natron)

1/4 TL Salz

Mischen Sie die trockenen Zutaten (Mehl, Baking Soda und Salz) in einer Schüssel. Benutzen Sie eine Gabel, zerkleinern Sie die Fettstückchen auf Reisgröße und geben Sie sie in die Mehlmischung.

Rühren Sie langsam die Buttermilch ein, bis der Teig eine Kugel formt. Nehmen Sie ggf. weniger Buttermilch, zuviel macht den Teig klebrig.

Teilen Sie den Teig in zwei gleich große Teile. Rollen Sie eine Hälfte auf einem bemehlten Brett aus (ca. 1/2 cm dick). Legen Sie den Teig in die Kuchenform und schneiden Sie Überschüssiges ab.

Den zweiten Ball ebenfalls ausrollen und mit einem Teigroller lange Streifen für die Pie-Verzierung herstellen.

Geben Sie die Füllung auf den Boden und verzieren Sie die Oberfläche mit den Teigstreifen.

Es bieten sich Obst- oder Nussfüllungen an.

Aprikosen-Kuchen / Apricot Pie

Heizen Sie den Ofen auf ca. 230 Grad Ober-/Unterhitze vor.

Bereiten Sie den Teig für die zwei Böden vor (siehe Sara's Pie/Mürbteig-Boden).

Zusätzliche Zutaten:

3 cups (360 g) getrocknete Aprikosen

3/4-1 cup (ca. 170-225g) Zucker

Die getrockneten Aprikosen mit Wasser abspülen und mit einer Küchenschere zerkleinern. Die Früchte in einem Topf mit Wasser bedecken und 15 Minuten köcheln lassen.

Währenddessen einen der Böden ausrollen und Zickzack-Streifen für die Verzierung herstellen.

Wenn die Aprikosen weich sind, gießen Sie die meiste Flüssigkeit ab. Rühren Sie ca. 200 g Zucker unter und geben diese Mischung dann auf den Kuchenboden. Verteilen Sie zusätzlich kleine Butterstückchen darauf und verzieren Sie die Oberfläche mit den Teigstreifen.

Schneiden Sie Überstehendes ab und streuen Sie ein wenig Zucker auf die Oberfläche.

Decken Sie den Kuchen ggf. mit Aluminiumfolie ab, damit die Ecken nicht zu dunkel werden.

Backen Sie den Kuchen bei 230 Grad für 10 Minuten, dann reduzieren Sie die Temperatur auf 175 Grad und backen ihn für weitere 30 - 40 Minuten. Die Folie, soweit verwendet, für die letzten 10 Minuten Backzeit entfernen.

Der Kuchen sollte „blubbern", wenn er fertig ist.

Den Kuchen aus dem Ofen nehmen und für 20 Minuten abkühlen lassen, bevor er serviert wird.

Falls Sie einen Fruchtauflauf/Cobbler bevorzugen, lassen Sie mehr Wasser in der Fruchtfüllung.

Texanischer Pecannuss-Kuchen / Pekan Pie

Bereiten Sie einen Kuchenboden nach Sara's Rezept vor.

Zutaten für die Füllung:

3 Eier

1 cup (225 g) Zucker, weiß oder braun

1/2 cup (240 ml) Maissirup, hell (ersatzweise Zuckerrübensirup)

1 Prise Salz

1 Teelöffel Vanille

1 cup (225 g) gehackte Pekannüsse

Pekannusshälften zur Dekoration

Zubereitung:

Schlagen Sie die Eier schaumig, geben Sie die restlichen Zutaten dazu und vermengen alles gut.

Gießen Sie die Mischung auf den Teigboden und dekorieren Sie die Oberfläche mit den Pekannusshälften.

Backen Sie den Kuchen bei 205 Grad Ober-/Unterhitze für 10 Minuten, dann die Temperatur auf 175 Grad herunter schalten und weitere 30 Minuten backen oder bis die Kuchenmitte ziemlich fest erscheint.

Abkühlen lassen und genießen!

Apfelkuchen/ Apple Pie

Teig:

3 cups (360 g) Mehl

1 cup (225 g) Butter

Geben Sie Butterstückchen in Erbsengröße zum Mehl und fügen Sie langsam 3 Esslöffel kaltes Wasser hinzu. Verkneten Sie alles zu einer Teigkugel.

Füllung:

6 möglichst säuerliche Äpfel

1 cup (225 g) Zucker

3 Teelöffel Maisstärke

Zimt, Muskatnuss, Piment

1 Teelöffel Salz

Schälen Sie die Äpfel und schneiden Sie sie in Spalten. Dann vermischen Sie sie mit den restlichen Zutaten zu einer Füllung.

Rollen Sie die Teigkugel als Boden aus, geben Sie die Apfelspaltenmischung auf den Boden, verteilen ein paar Butterflöckchen darauf und bestreuen alles mit ein wenig Zucker.

Drücken Sie alles fest und backen Sie es bei ca. 220 Grad Ober-/Unterhitze für ca. 45 Minuten.

Schoko „Rice Crispy" Bissen nach Texas-Art

Zutaten:

1 Tüte Marshmellows

1 1/8 cups (ca. 250 g) Butter und mehr zum Einfetten der Form

3 cups (ca. 360 g) Choco Rice Crispies von Kellogg's

3 Esslöffel gehackte Pekannüsse

Zubereitung:

Fetten Sie eine Form, Größe ca. 20x30 cm.

Schmelzen Sie die Butter in einem Topf und rühren dann die Marshmallows hinein, bis alles geschmolzen ist.

Geben Sie jetzt die Rice Crispies und die gehackten Pekannüsse dazu.

Rühren Sie diese Mischung, bis alles gut miteinander verbunden ist.

Geben Sie die Mischung in die gefettete Form und stellen diese für ca. 30 Minuten in den Kühlschrank.

Nach dem Festwerden nur noch in kleine „Bissen" schneiden und genießen.

Sahniger Grünkohl-Rosenkohl-Cranberry-Salat

reicht als Beilage für 6-8 Personen (wahrscheinlich mehr).

Zutaten:

ca. 225-280 g Grünkohl, gehackt ohne Strünke

ca. 110-170 g Rosenkohl, geputzt und harte Stellen entfernt

ca. 60 g frische Cranberries, gehackt

ca. 80 g Mandelblättchen

ca. 60 g geriebenen Parmesan Käse

Für das Dressing:

ca. 350 g Mayonnaise

1 Esslöffel Dijon Senf

Saft einer halben Zitrone

2 Teelöffel gehackte Schalotten

2 Knoblauchzehen, gehackt

1/2 Teelöffel Salz

1 große Prise Zucker

Salz und Pfeffer nach Geschmack

Man kann das Gemüse einen Tag zuvor vorbereiten, ebenso das Dressing zusammenrühren. Wenn das Dressing verrührt und salzig genug ist, kann man es ggf. mit 1 bis 2 Teelöffeln Wasser verdünnen, falls man es dünnflüssiger haben möchte.

Empfohlen wird, das Dressing erst eine Stunde vor dem Servieren über den Salat zu geben, ebenso den Parmesan und die Cranberries. Denn man möchte ja keinen blassen rosa Salat anbieten, da die Cranberries ihre Farbe an die Salatsoße abgeben. Appetitlich sieht es dann nicht mehr aus.

Autumn Colors

Städte: Austin, Gruene, Fredericksburg, New Braunfels

Austin

Basics

* knapp eine Million Einwohner

* Hauptstadt von Texas am Colorado River

* Motto *Keep Austin Weird* (*Halte Austin eigenartig*)

* Spitzname *ATX* oder *Live Music Capital of the World*

* Städtepartnerschaft mit Koblenz

MEINE HOT SPOTS

Texas first time
Capitol
Texas State Museum
Barton Creek Square Mall
Barton Springs
Zilker Park mit Town Lake
Lance Armstrong Bikeway
Justin Boots
Sheplers
Architektur
Schulbesuch
Broken Spoke
Fledermäuse
Whole Foods Market
Beverlys Skulpturen

Neben dem kurzen Zwischenstopp beim Umsteigen in Houston war Austin die erste amerikanische und texanische Stadt, die ich kennen lernte. Und wo ich mich natürlich allein durch den warmherzigen Empfang unserer Freunde am Ankunftsgate auf Anhieb wohl und zuhause fühlte. Und bevor ich zum wiederum ersten Mal ein amerikanisches Haus betrat, kamen wir durch unsere Freunde in den Genuss einer kleinen Stadtrundfahrt. Den Eindruck des Capitols, eines gewaltigen Gebäudes (und natürlich höher als das Weiße Haus in Washington), eingetaucht in rotgoldenes Abendlicht, werde ich nie in meinem Leben vergessen. Richtig pompös und wunderschön aus rosa Granit. Besichtigt haben wir es dann später mal.

Ein Traum wurde Wirklichkeit, mein amerikanischer Traum …

Ich sog alles um mich herum auf und, um ehrlich zu sein, die Wirklichkeit übertraf meinen Traum. Es war Glückseligkeit pur.

Unsere Freunde wurden nicht müde, uns „ihr Austin" zu zeigen. Alle Sinne wurden bedient, um uns die Stadt mit all ihren Facetten nahe zu bringen. Sie haben in der Tat „einen guten Job gemacht".

Während unserer Besuche verhalf uns das *Texas State Museum* zu neuen Kenntnissen über die texanische Geschichte; den Außenbereich direkt davor ziert ein riesiger Texas Stern! Dieses Gebäude strahlt so viel Würde aus, allein die Eingangshalle wirkt erhaben und irgendwie „stolz".

Als Kontrastprogramm erwies sich dann der Ausflug in die *Barton Creek Square Mall*, ein Geschäftszentrum größeren Ausmaßes, in dem wir geschlagene acht Stunden verbrachten, wenn auch nicht immer in den gleichen Läden. Unsere Freunde glaubten uns verschüttgegangen, aber nein, es war nur das erste texanische Einkaufserlebnis, was uns die Zeit vergessen ließ.

Die *Barton Creek Mall* ist übrigens nicht zu verwechseln mit dem *Barton Springs Pool*, einer Art öffentlichem, aber kostenpflichtigen Freibad, welches aus in der Nähe liegenden Quellen gespeist wird. Der Eintrittspreis ist heiß und für Nichteinheimische sehr viel teurer, aber das Wasser ist kühl und für alle gleichermaßen erfrischend. Es liegt auf dem Gelände des *Zilker Parks,* einem Naherholungsgebiet, wo man auch Boote und Kajaks mieten kann, wenn einem der Sinn nach Wassersport steht.

Und da Amerika das Land der Sportbegeisterten ist, entdeckten wir auf einem kleinen Spaziergang in der Nähe des *Lady Bird Lake* sogar den *Lance Armstrong Bikeway*, obwohl dessen Karriere ja ein nicht ganz so rühmliches Ende fand. Aber das ist eine andere Geschichte …

Deshalb zurück zu *typical Texas*: Was kann texanischer sein als ein Cowboy Outfit mit Boots? Als unsere Freunde merkten, dass wir der texanischen Lebensart einschließlich der entsprechenden Kleidung nicht abgeneigt waren, fuhren sie mit uns ins *Shepler's*, einer Institution in Sachen Cowboys und was dazu gehört …

Nein, *Longhorns* bekommen Sie dort nicht, aber sonst fast alles, was Texaner zu Texanern macht. Viele Accessoires, die ich noch nie in meinem Leben vorher gesehen hatte, die aber sofort den Weg in meinen Einkaufskorb fanden, um sie auch in Deutschland heimisch zu machen. Ist mir zwar nicht gelungen, aber im Weserbergland konnte man uns damals eindeutig identifizieren: Es brauchte nur zwei Western-Hüte auf der Hamelner Haupteinkaufsstraße …

So ein texanisches Souvenir steht nicht jedem, der reiselustige Ehemann jedoch wäre heißester Favorit auf den Titel „Germanys Next Cowboyhut-TopModel".

Auch Cowboystiefel brachten wir mit, bei u. a. *Justin Boots* und *Shepler's* gibt es sie in allen Variationen. Einen richtigen *Shoemaker* (Stiefelschuster), einen Meister seines Fachs, besuchten wir auch und ließen uns den langwierigen Herstellungsprozess erklären. Er zeigte uns die Leisten von prominenten Kunden und schenkte uns zum Abschied ein paar Lederproben. Kein

Wunder, dass handgenähte Boots ein besonderes Geschenk darstellen in Texas, auf das erstens lange gewartet werden muss (so zwei Jahre) und bei dem zweitens richtig viele Dollars (nach oben hin keine Grenze) den Besitzer wechseln.

Passend ausgestattet waren wir, also nahmen uns unsere Freunde mit auf weitere Entdeckungstouren: Wir besichtigten phantastische Domizile am „Tag des Offenen Hauses", die so verlockend waren, dass ich mir spontan einen Hospitationstermin an der *Clearview Sudbury School* in Austin besorgte und kurzzeitig einen Schulwechsel nach Austin andachte. Habe ich dann aber doch wieder verworfen. Zur Erleichterung meines Vaters: „Was ist denn das wieder für eine Idee??" Später konnte er meine Begeisterung für Texas verstehen, nachdem wir ihn auf eine Reise dorthin mitgenommen hatten.

Wer Kneipengänger und Musikfan ist, wird in Austin auf seine Kosten kommen. Das *Austin City Limit Festival* ist weltbekannt, ob es das *Broken Spoke* auch ist, entzieht sich meiner Kenntnis. Aber: Es war die coolste Location, in der ich je Silvester gefeiert habe. Live Music, urig aussehende texanische Gentlemen, die mit mir ein Tänzchen wagten, zwölf Trauben um Mitternacht als Reminiszenz an spanische Sitten und laute Tröten, die sich hervorragend zu Long- und Shorthorn Hörnern zweckentfremden ließen; mit unseren Freunden hatten wir großen Spaß, feierten wir doch nichtsahnend alle ins „We'll get married"-Jahr hinein.

Nicht am Jahresende, sondern den ganzen Sommer hindurch gibt es ein Naturschauspiel der besonderen Art: Das Fledermäuse-Treffen unter der *Congress Avenue Bridge*. Keine 100, keine hunderttausend, nein, ca. 1,5 Millionen machen sich allabendlich bei Einbruch der Dunkelheit auf zur Beutejagd. Eine halbe Stunde, dann ist das Spektakel vorbei. Erst zur Morgendämmerung kehren sie zurück unter die Brücke und dann – lassen sie sich hängen.

Auch wir gingen anschließend „out for dinner" in ein mexikanisches Restaurant, und nachdem ich meine Bestellung aufgegeben hatte, meinte

Freundin Beverly: „Du hast Okra-Schoten bestellt? You are a real Texas Girl!!" Ich wurde bestimmt ein wenig rot vor Freude, was im Dunkel des Lokals aber nicht auffiel und orderte gleich zwei *Frozen Strawberry Margaritas* hinterher, auch das ist Texas Taste für mich.

Wer selbst kocht, ist im *Whole Foods Market* an der richtigen Adresse. Das Angebot dort begeistert uns immer wieder, deutsche Supermarktketten sollten sich dort mal zur Fortbildung anmelden in Sachen Präsentation, Vielfalt und Frische. Und zwei von Beverlys Bronze-Skulpturen können gleich mit bestaunt werden, die sind in der Nähe des Eingangs zu finden.

Mein Highlight: In Austin fühle ich mich immer willkommen!

Gruene

Basics

* **ist zum *Historic District* ernannt**

* **gehört als Ortsteil zu New Braunfels**

* **wurde von deutschen Siedlern gegründet**

* **liegt am Guadalupe River**

MEINE HOT SPOTS

Hochzeitslocation
Historic District
Halloween
General Store
Historisches

Ich staunte nicht schlecht, als ich vor vielen, vielen Jahren einen besonderen Brief in unserem Postkasten vorfand: frankiert mit einer amerikanischen Briefmarke. Als ich den Umschlag vorsichtig öffnete, um ihn nicht zu beschädigen, fiel eine Einladung heraus. Verfasst auf feinem Büttenpapier mit leicht verschnörkelter Handschrift.

Von einer Hochzeitsplanerin! Einer echten amerikanischen Hochzeitsplanerin! Ich hätte damals nicht für möglich gehalten, dass es sowas – außer im Hollywoodfilm mit Jennifer Lopez – tatsächlich gibt. Und doch: Unsere Freunde in Texas luden zu ihrer Hochzeit ein.

Schnell in den Kalender geschaut und tatsächlich, das Datum passte direkt in die deutschen Herbstferien. Der reiselustige Ehemann und ich schauten uns an, nickten und schrien „Hurra“, anschließend wurde ein Flug nach Houston gebucht. Es sollte unsere erste amerikanische Hochzeit sein und sie ist bis heute auch die einzige geblieben.

So lernten wir *Gruene* kennen, den Ort des Geschehens. Ein wunderschönes kleines Fleckchen Erde, gelegen am Fluss mit altem Baumbestand und jungen Mücken, die in Texas *Moskitos* heißen. Ich finde, das klingt gleich bedrohlicher und nach „Tierchen Texas Size". Stimmt genau, auch wenn der reiselustige Ehemann sich immer wundert. Er hat selten einen Moskito gesehen. Warum auch, alle waren ja mit mir beschäftigt …

Zufällig, aufgrund des Hochzeitsdatums war ein wenig echtes – sozusagen ursprüngliches – *Halloween* mit im Spiel. Ehrenwerte Gentlemen verwandelten sich in mit roten Federboas und üppig dekorierten Hüten in die „Schönen der Nacht". Künstliche Spinnweben, wohin man schaute und Kürbisse, die gruselig leuchtend in der Dunkelheit ihre Fratzen zeigten. Kleine offene Pappsärge standen selbst in ehrwürdigen Bankfilialen herum. Kunststoff-Skelette ebenso, zeigten sie doch den Kunden unmissverständlich, wohin es führen kann, wenn man seine Kreditschulden nicht bezahlt.

Übrigens, *Gruene* wird „Grün" ausgesprochen und endlich mal waren wir unseren texanischen Gastgebern mal im Vorteil. Wir können *Gruene* nämlich muttersprachlich richtig deutsch aussprechen. Schließlich ist der Ort vor langer Zeit von den Söhnen deutscher Siedler mit Namen *Gruene* gegründet worden. Etliche Gebäude von einst existieren noch, im *Gruene Mansion Inn* kann wunderbar übernachten, niedliche Lädchen laden zum Stöbern ein und der *General Store*, der „Gemischtwarenladen", sucht seinesgleichen.

Ich glaube, hier gibt es nichts, was es nicht gibt. Jedes Mal fasziniert er mich aufs Neue und jedes Mal bin ich hinterher um ein paar Dollars ärmer, dafür aber um mindestens ein Souvenir reicher. Der reiselustige Ehemann trägt's mit Fassung.

Zur Historie des Ortes sei noch erwähnt, dass es einen berühmten Tanzsaal gibt, die *Gruene Hall.* 1878 wurde sie von Henry D. Gruene erbaut und soll seitdem kontinuierlich in Betrieb gewesen sein. Beweisen allerdings kann ich das nicht, selbst meine Urgroßmutter wurde erst 1884 geboren.

Ich kann mir aber gut vorstellen, dass es stimmt, denn: Live Musik erklingt allerorten und die Texaner wagen ja gern ein Tänzchen. Der *Texas Two Step* ist geradezu perfekt dafür.

Mein Highlight: In Gruene fühle ich mich wie eine Brautjungfer!

New Braunfels

Basics

* **mehr als 80.000 Einwohner**
* **wurde 1845 vom *Mainzer Adelsverein* gegründet**
* **liegt im Herzen vom *Texas Hill Country***
* **Städtepartnerschaft mit *Braunfels* im Lahn-Dill-Kreis**

MEINE HOT SPOTS

deutsche Siedler
Restaurant *Friesenhaus*
Oktoberfest/Wurstfest
Faust Hotel

New Braunfels war einer der ersten Orte, auf den uns unsere Freunde aufmerksam machten: „Dort gibt es noch viel deutsches Kulturgut", ließen sie uns auf Amerikanisch wissen. Natürlich waren wir neugierig darauf und machten uns auf den Weg dorthin. Malerisch eingebettet in eine sanfte grüne Hügellandschaft, entdeckten wir wirklich viele deutsche Spuren in der Kleinstadt, die ihren Namen *Karl zu Solms-Braunfels* zu verdanken hat, seines Zeichens Prinz. Er begleitete erste Deutsche ins Land, die sich im 19. Jahrhundert auf den Weg gen Texas machten, um dort eine neue Heimat finden im „Land der hoffentlich unbegrenzten Möglichkeiten".

Und mit dem großen Wunsch, politische und wirtschaftliche Zwänge der Heimat hinter sich zu lassen. Dennoch – ein Start in einem neuen Land birgt immer Risiken und so gründete sich zügig ein „Verein zum Schutze deutscher Einwanderer in Texas", der *Mainzer Adelsverein.*

Durch nicht gerade clevere finanzielle Aktionen des Prinzen wäre das Projekt des „Glücklichen Lebens für Deutsche in Texas" fast gescheitert, so dass er es seinem Nachfolger *Meusebach* überließ, die Auswanderungsaktion und damit viele Menschenleben zu retten. Diesem gelang es mit Tatkraft und Geduld tatsächlich, die Situation der Menschen zu stabilisieren und so entstanden erste kleine deutsche Siedlungen. Um 1900 sprachen immerhin um die 100.000 Texaner Deutsch – im sogenannten *German Belt*, dem Deutschen Gürtel zwischen Austin und San Antonio.

Mehr oder weniger bruchstückhafte Deutschkenntnisse mit enormem amerikanischen Akzent sind bis heute noch vorhanden bei höchst liebenswerten Zeitgenossen, die einen dort sofort ansprechen, ob im Supermarkt oder in der Kneipe. Manche wenige sogar auf echt *Texas Deutsch*. Durch unseren leider recht deutlichen Akzent sind der reiselustige Ehemann und ich natürlich prädestiniert, sofort als Original German erkannt zu werden. Und dann wird erzählt von deutschen Grandfathers oder Great-Grandmothers, die einst aus Germany kamen und blieben.

Natürlich ließen wir es uns nicht nehmen, im *Friesenhaus* typisch deutsche Gerichte zu bestellen. Was ist typisch deutsch? Na klar: Würstchen mit Sauerkraut! Der reiselustige Ehemann bestellte ein Bierchen dazu, ich den Iced Tea, weil ich kein Bier mag. Dazu gab's einen netten Small Talk mit dem deutschen Besitzer. Das ist schon ein paar Jährchen her, von daher weiß ich nicht, ob er noch als Gastwirt aktiv ist. Kapitän in Emden soll er auch mal gewesen sein.

Eine Besonderheit in New Braunfels ist das dem Oktoberfest nachempfundene *Wurstfest*. Hier geht's im wahrsten Sinne des Wortes um die Wurst. Ein riesiges Volksfest mit Sitten und Gebräuchen rund um Deutschland. Bratwürste, Dirndl in Dirndln, Buben in Lederhosen, die Mass Weißbier, Karussells, Blaskapellen und zur Not auch Schuhplattlern: New Braunfels in Tagen des Wurstfestes ist deutscher als deutsch. Selbst das Volkslied „Ein Prosit der Gemütlichkeit" klingt aus den zahlreichen Besucherkehlen, egal, ob einheimisch oder Tourist. Wie groß die Begeisterung der frischgebackenen Abiturienten im Weserbergland wohl wäre, wenn sie beim Abiumzug oben genanntes Lied anstimmen sollten, weiß ich nicht. Hängt vielleicht vom Alkoholpegel ab. Und ob jemand der Reifegeprüften überhaupt mehr als die Titelzeile singen könnte?

Wie dem auch sei, in New Braunfels schmettern es alle, obwohl die Vokabel *Gemütlichkeit* im amerikanischen Vokabelschatz überhaupt nicht existiert. Ist das nicht *wonderful*?!

Und auch ich, durchaus sangesfreudig im Sopran und selbst der reiselustige Ehemann im Bass werden es ihnen gleichtun. Denn bisher konnten wir aufgrund terminlich nicht passender Herbstferien noch nie teilnehmen. Aber jetzt wird's möglich! Versprochen!

„Ein Prosit auf die Gemütlichkeit!"

Übernachten kann man dann anschließend u. a. im *Faust Hotel*, von dem Angestellte die ein oder andere Spukgeschichte erzählen können. Wer's mag …

Mein Highlight: In New Braunfels fühle ich mich mit der Vergangenheit verbunden!

Fredericksburg

Basics

* **mehr als 10.000 Einwohner**
* **benannt nach Prinz Friedrich von Preußen zu dessen Ehren**
* **bis heute eingehalten: gültiger Friedensvertrag zwischen Comanchen und Texas-Deutschen**
* **Spitzname *Fritztown***
* **Städtepartnerschaft mit Montabaur**

MEINE HOT SPOTS

die *deutsche Stadt*
deutsche Läden
Enchanted Rock
Vorgeburtstagsabend
Restaurant mit Space Shuttle
Beurre blanc
Admiral Nimitz Museum,
Dialekt Texas-Deutsch

Mein erster Besuch in Fredericksburg brachte mich wirklich zum Staunen. War ich bisher die amerikanischen Städte mit ihren Wolkenkratzern gewöhnt, so überraschte mich Fredericksburg mit einem anheimelnden Charme, den man in Amerika weder erwartet noch häufig erlebt. Aber dieses Fredericksburg zog mich in seinen Bann. Tatsächlich ist es ein kleines bisschen Deutschland im tiefsten Texas. Eine Mainstreet wie aus einem alten Bilderbuch, viele kleine Lädchen, die zum Stöbern und Verweilen laden. Schokoholics wie auch Dekoverrückte finden hier ihr Paradies. Der reiselustige Ehemann bezeichnet es eher als „Hölle, Hölle, Hölle", hieß es doch für ihn dann mal wieder warten, und warten … und warten.

Unterschiedlichste Restaurants mit wahrlich phantastischem Angebot und exzellenten Menüs lassen das Herz höher schlagen. Unsere Freunde entführten uns in ein kleines, aber feines Gartenrestaurant, wo wir den Vorabend meines Geburtstages verbrachten. Ein texanischer Sommerabend im Grünen, umgeben von hohen Bäumen und absolut idyllisch gelegen.

Der Tagesplan, den sie sich überlegt hatten, sah zunächst anderes vor: Wir starteten in Austin und stoppten gleich am *Whole Foods Market*, um etwas Wegzehrung einzukaufen. Ich ahnte erst mal nichts Gutes. Temperaturmäßig lagen wir knapp unter der 35 Grad-Marke. „Wegzehrung? Wofür??", dachte ich bei mir. „Hoffentlich wird das nichts Anstrengendes!!" Letzteres als kleines Stoßgebet zum Himmel gesandt.

Unsere Freunde schauten geheimnisvoll, der reiselustige Ehemann erwartungsvoll, ich sorgenvoll. Nach 90 Minuten auf dem Highway hatten wir dann unser Ziel erreicht. Temperaturmäßig lagen wir inzwischen knapp unter der 40 Grad Marke.

„Na, was sagt ihr dazu?" Unsere Freunde blickten uns erwartungsfroh an. „Toll!", erwiderte ich. „Sieht ja gewaltig aus!" Vor uns lag ein ziemliches Ungetüm von Berg.

„Das ist der *Enchanted Rock*! Da wollen wir jetzt hoch!"

Der urige Granitfelsen – ähnlich dem *Ayers Rock* in Australien – (sowas weiß der reiselustige Ehemann) liegt im Zentrum von Texas und ist 125 Meter hoch (sowas wusste unsere einheimische Begleitung). Er sollte nun bestiegen werden. Vorher gab's noch ein Picknick unter Bäumen; ein Eichhörnchen ließ sich mit Chips füttern. Ich suchte krampfhaft nach einer „Ich bleibe lieber unten-Ausrede", leider ohne Erfolg. Temperaturmäßig lagen wir mittlerweile über der 40 Grad Marke.

Also tapfer gelächelt und los ging's; langsam und stetig bergauf. Zwischendurch wieder Rast im Schatten mit Eiweißriegeln und Wasser. So hoffte ich meinen Geburtstag einen Tag später doch noch zu erleben. Hat glücklicherweise funktioniert, dem Himmel sei Dank!

Zurück in Fredericksburg freuten wir uns über den Restaurantnamen *Lindenbaum*, die Hinweisschilder *Vereinskirche*, *Marktplatz* und auch der *Biergarten* ließen nicht lange auf sich warten. Uns war aber mehr nach einem Kaffee. Lustigerweise landeten wir stattdessen in der örtlichen *Brewerie*, der Brauerei. Enderfolg: Kaffee gestrichen, Bier bestellt. Das dunkle Weizen, sagte der reiselustige Ehemann, schmeckt ein ganz bisschen deutsch. Was immer das heißen mag …

Von den freundlichen Mädels an der Theke erfuhren wir, dass es in Fredericksburg bis heute einen Dialekt gibt – den *Texas German*! Deutsche Sitten und Gebräuche sind hier noch so lebendig, dass die Erwachsenen sehnsüchtig aufs hiesige *Oktoberfest* warten, während die Kinder das Weihnachtsfest kaum erwarten können. Deutscher Tradition zufolge bekommen sie hier schon am 24. Dezember die Geschenke. Santa Claus wird dankbar sein, muss er sich nicht ganz so hetzen am 25.

Wir allerdings hatten es nun eilig, daher wurde der Besuch des sehenswerten *Admiral Nimitz Museums* aufs nächste Mal verschoben.

Abends wartete dann ein Erlebnis der besonderen Art auf uns: Eine Einladung ins *Marie Cuisine*, ein Restaurant, das betrieben wurde von einer Freundin unserer Freunde, Marie aus Belgien. Sie hatte Lichterketten in den Bäumen und für uns im Hof einen festlichen Tisch gedeckt.

Hochromantisch!

Marie aus Belgien war wirklich Meisterin ihres Fachs und verwöhnte uns mit allerlei Köstlichkeiten. Hier lernte ich die berühmte *Buerre Blanc* kennen. Jene weiße Buttersauce war ein Gedicht und der Abend ein romantischer Traum, wenn man von unvermeidlichen Moskitobesuchen mal absieht (zwei leergesprühte Dosen OFF! sprechen für sich …)

Gegen 22 Uhr zischte plötzlich etwas in schnurgerader Linie am Nachthimmel entlang und wir rätselten, was es wohl gewesen sein könne: Für ein Flugzeug zu schnell, für einen Meteoriten zu gradlinig. Des Rätsels Lösung stand am nächsten Morgen in der Zeitung: Es war das *Space Shuttle* bei der Landung. Hier noch 8000 km/h schnell landete es zehn Minuten später sicher in Florida.

Um Mitternacht wurde dann bei sündhaft kalorienreichem *Mousse au Chocolat* mein 39. Geburtstag eingeläutet und aus der Küche erklang ein spontanes „Happy Birthday Ständchen".

Mein Highlight: In Fredericksburg fühle ich mich als texanisches Geburtstagskind!

Add-on: Celebrity – Artist Beverly Penn

Steckbrief unserer Freundin, Vita, Beispiele ihrer Kunstobjekte

Celebrity (Berühmtheit): Ob ich die Vokabel in diesem Zusammenhang inhaltlich richtig benutze, weiß ich nicht. Schon gar nicht weiß ich, ob ich den Begriff im texanischen Sinne richtig benutze. Dennoch möchte ich ihn verwenden. Eines Tages lief mir exakt dieses Wort über den Weg, als ich die Überschriften unterschiedlicher Magazine im Supermarkt überflog. Übrigens entstand bei meinen diversen Amerikareisen der Plan, jedes Mal ein paar neue amerikanische Vokabeln oder Redewendungen mit heimzubringen, die ich im Englischunterricht trotz Englisch-Leistungskurs so natürlich noch nie gehört hatte.

So benutze ich seitdem den Ausdruck „Oh, it's a bit chilly here!" (Es ist ein bisschen kühl hier!). Ich fand den Ausdruck irgendwie lustig und konnte ihn mir deshalb gut merken. Da ich schnell mal fröstele, kommt er – wenn auch nur selten in Texas – schon regelmäßig zum Einsatz.

Ich fragte also unseren texanischen Freund Doug nach dem Begriff CELEBRITY. Er beschrieb ihn in seiner hocheloquenten, feinsinnigen Art so wunderbar, dass mir der Moment bis heute in Erinnerung geblieben ist.

Wie Sie ja bereits wissen, geht es um Celebrity/Berühmheit. Warum trotzdem oben erwähnte Unsicherheit? Erstens: Weil ich in der amerikanischen Kunstszene überhaupt nicht zuhause bin und mir daher keinerlei Beurteilung anmaßen kann, wann man als Celebrity gilt. Und zweitens: Ich habe Beverly nicht danach gefragt.

Doch bevor ich Ihnen ihren künstlerischen Weg vorstelle, möchte ich gern ein paar private Momente mit ihr beschreiben.

Vielleicht haben Sie dieses Geschenk auch schon mal erleben dürfen: Sie treffen durch „Zufall" auf einen Menschen, den Sie nie vorher gesehen haben. Es macht „Bäm!“ und vom ersten Moment an gibt es eine Verbindung auf Herzensebene, die Chemie stimmt einfach. So erging es mir mit Beverly. Der erste Kontakt am Flughafen. Die Begrüßung, das WELCOME IN TEXAS, das herzliche Lächeln. Ich hatte eine Freundin fürs Leben gefunden. Eine für Herz und Seele. Trotz der Sprachbarrieren und trotz der Tatsache, dass ich überhaupt nichts von ihr wusste.

Sympathie meint erlebte Ähnlichkeit. Daher verstanden wir uns oft ohne Worte und auch trotz meiner zum Teil falschen Grammatik. Selbst mit Oxford englischen Begriffen statt amerikanischen funktionierte unser Austausch. Oder mit gänzlich fehlenden Vokabeln. In all den Jahren sahen wir uns nicht sehr häufig. Manchmal hörten wir monatelang nichts voneinander. Aber bei jedem Wiedersehen konnten wir nahtlos sofort an das vergangene Treffen anknüpfen. So als wäre es letzte Woche gewesen.

Es gab dadurch immer viel zu erzählen, Lustiges und Tiefgründiges, Inspirierendes, neueste Pläne und Alltagsgeschichten. Ich brachte ihr pädagogisches Grundwissen bei und weihte sie in meine Schulprojekte ein. Sie gab mir Einblicke in ihre Arbeit, ihre Kunst und das Uni-Leben.

Na, neugierig geworden? Dann lassen Sie uns den Schritt zurück gehen zum Begriff CELEBRITY. Mir gefällt einfach das Wort. Deshalb lade ich Sie ein, sich selbst ein Bild zu machen und dann zu entscheiden: Celebrity or not?

BEVERLY PENN

Das *Texas State Committee* des Nationalmuseums von Frauen in der Kunst sagt über sie:

„Der Impuls, die wilde Vielfalt der natürlichen Welt so zu gestalten, dass sie zu einer intellektuellen Symmetrie passt, ist ein grundlegender menschlicher Drang. Beverly Penns Skulptur spricht die Kraft dieses Verlangens an. Ihre Arbeit untersucht das widersprüchliche Bedürfnis, die natürliche Umgebung zu idealisieren und zu verändern.

Sie erhielt zahlreiche Stipendien, darunter einen Aufenthalt der *Rockefeller Foundation* in Bellagio, Italien, ein *Connemara Conservancy Artist Grant,* Stipendien der *Texas Commission on the Arts Grant* und ein *Fulbright-Stipendium* in Barcelona, Spanien. Sie bekam außerdem neun Forschungsstipendien der Fakultät der *Texas State University*, an deren Forschung in Mexiko, Italien, Spanien und New York sie beteiligt war.

Beverlys Skulpturen befinden sich in den Sammlungen des *Cooper Hewitt Museums* in New York City; im *Philadelphia Museum of Art*; im *National Museum der Frauen in der Kunst* in Washington, im *Austin Museum of Art*; im *Racine Art Museum*; im *Kunstmuseum* von El Paso und dem *Monarch Center für zeitgenössische Kunst* in Washington. Sie wurde für mehrere öffentliche Kunstprojekte beauftragt, darunter *Unity in Diversity* in Las Cruces, New Mexico; das *Community Core Sample Project* und das *Threshold Project* mit Steve Wiman in Austin, TX, das *Natives-Projekt* bei *Whole Foods* in Austin, TX und das *Carte Hotel* in San Diego Downtown (Curio Collection Hilton). Sie ist Professorin an der *School of Art & Design* der Texas State University. Die *Lisa Sette Gallery* in Phoenix, die *William Cannon Contemporary Art* in Fort Worth sowie die *Flatbed Press* in Austin vertreten ihre Arbeit.“

Im Jahr 2017 wurde sie (zusammen mit George Strait, dem bekannten Countrymusiker und dem Künstler Kermit Oliver) als *Texas State Artist of the Year* vorgestellt.

Aus dem beruflichen Lebenslauf:
Akademische Ausbildung in/an …
MFA SUNY New Paltz
MA New Mexico State Universität
BFA Universität von Texas in El Paso
Maryland Institute, College of Art

Beverly Penn ist Lehrstuhlinhaberin an der *Texas State University* in San Marcos, Texas (*School of Art and Design*)

Hier ein kleiner Ausschnitt ihrer SOLO AUSSTELLUNGEN

2017: *Beverly Penn: Senkrecht zur Schwerkraft*, William Campbell Contemporary Art, Fort Worth, TX

2014: *Beverly Penn: Gebrochene Landschaften*, Lux Art Institute, Encinitas, CA

2012: *Still Nature*, Galerie Lisa Sette, Scottsdale, AZ
Interstitial-Räume (mit Julia Barello), Houston Center for Contemporary Crafts, Houston, TX

Und ein noch kleinerer Ausschnitt als Teilnehmerin von GRUPPEN-AUSSTELLUNGEN

2018
Women to Watch 2018, Vertreter des Bundesstaates Texas, Nationales Frauenmuseum in Washington, DC, kuratiert von Virginia Treanor, Associate Curator
Smitten Forum 2017, Wellington B. Grey Gallery, Universität East Carolina, Greenville, NC
Aus La Romita, Flachbettpresse, Austin, TX
Cast: Kunst und Objekte, Wayne Kunst Zentrum, PA
Eine Versammlung von Texas Makers, Brookhaven College, TX

2017
Flachbett bei 25, Flachbettpresse, Austin, TX
Reine, Texas Art House, Johnson City, TX
Dallas Contemporary Art Fair, mit William Campbell Zeitgenössische Kunst, Dallas, TX

Alle oben genannten Informationen entstammen der Homepage von Beverly Penn (beverlyPenn.com). Wer mehr wissen möchte über diese bemerkenswerte Künstlerin, findet dort ihr gesamtes Portfolio, interessante Neuigkeiten und Links zu Projekten, Interviews, etc.

Um ihre Vielseitigkeit anzudeuten, hier noch einige Foto-Impressionen:

Und sollten Sie, liebe Leser, egal ob kunstinteressiert oder nicht, Austin besuchen, dann denken Sie daran, sich zwei Skulpturen von Beverly im Original anzuschauen. Sie stehen direkt neben dem *Whole Foods Market* (N Lamar Boulevard Ecke W 6th Street). Es lohnt sich!

Winter Impressions

Städte: San Antonio, Boerne, Bandera, Corpus Christi

San Antonio

Basics

* **mehr als 1,5 Millionen Einwohner**

* **zweitgrößte Stadt in Texas**

* **älteste Stadt von Texas**

* **Spitzname *Alamo City***

* **Städtepartnerschaft mit Darmstadt**

MEINE HOT SPOTS

Alamo
Riverwalk
Geburtstagsfeier
Basketball (San Antonio Spurs)
Einkauf (Tasche)
Texas Boots XXL
Mega Supermarkt
Rehe vor dem Motel

Auf San Antonio war ich besonders gespannt und ich wurde nicht enttäuscht. Unsere Freunde taten sehr geheimnisvoll, als sie mit uns Ende Dezember 1993 zu einer kleinen Besichtigungstour aufbrachen. Dass unser Ziel eben jene Stadt sein sollte, wussten wir natürlich nicht und auch nicht, welche außergewöhnlichen Eindrücke San Antonio für uns bereithalten sollte. Es ist bekannt für seine spanischen Missionen, fünf an der Zahl. Die bekannteste ist natürlich das *Fort Alamo*, vormals eben eine Mission. Es zählt zu den meist besuchten Sehenswürdigkeiten hier und wahrlich, es ist des Sehens würdig! Und nicht nur das. Man spürt förmlich die texanische Geschichte an diesem außergewöhnlichen Ort und mit ein wenig Fantasie ist man gedanklich mitten in den Kämpfen um die texanische Unabhängigkeit. Und um den texanischen Sieg!

Nach so viel Historie ist der *Riverwalk* dann ein geeignetes Kontrastprogramm. An den Ufern des *San Antonio River* lässt es sich gemütlich flanieren unter Bäumen, die im Sommer Schatten spenden und im Winter, wenn es dunkel ist, beleuchtet eine zauberhafte Kulisse entstehen lassen. Wir konnten uns gar nicht satt sehen an den Booten, die mit Lämpchen geschmückt und mit andächtig dreinschauenden Passagieren gefüllt geruhsam auf dem Fluss ihre Runden drehten. Gleichwohl bevorzugten wir für unsere eigene Schiffsfahrt die wärmeren Temperaturen und feierten stattdessen den Geburtstag des reiselustigen Ehemannes mit extra bestellter Torte und Sekt im *Boudro's*, einem der zahlreichen Bistros und Cafés. Ein höchst gelungener Happy Birthday!

Natürlich gehört zu San Antonio auch der Besuch eines Basketballspiels der *San Antonio Spurs*, in unserem Fall gegen die *Hornets* aus New Orleans. Ich gestehe, dass ich noch lieber die *Dallas Mavericks* gesehen hätte , schon allein wegen *Dörk*, dennoch erlebten wir ein tempo- und punktereiches spannendes Spiel. Die Hallenatmosphäre war atemberaubend, ausgestattet mit Cola und Popcorn tauchten wir ein in den *American Way of Life*. Cheerleaders, eine hübscher als die andere, ein gut gefülltes Stadion, die Gelegenheit, am Tisch der Pressekonferenzen ein „Fake-Interview" zu geben und natürlich der Sieg der Heimmannschaft mit 106:102 Punkten – lautstark bejubelt, auch von uns. Die Nationalhymne feierlich angestimmt (Hand aufs Herz!) und inbrünstig vom Publikum gesungen. Gänsehaut pur!! Alles trug zu einem höchst authentischen „Yeah, wir fühlen uns schon ein bisschen wie Texaner-Glückseligkeitsgefühl" bei.

We really really loved it!!

Wie Sie ja inzwischen schon wissen, sind wir auch nach 25 Jahren immer noch voller erstaunter Bewunderung für amerikanische und im Speziellen texanische Maße. Ein Foto von mir samt Texashandtasche, die ich vorher am Riverwalk in einer der kleinen Boutiquen erstanden hatte, entstand direkt vor den Riesenboots XXXL an der North Star Shopping Mall: Das Foto muss sein, entschied der reiselustige Ehemann und wurde nicht müde, immer „eine noch schönere Perspektive" auszuprobieren. Es dauerte also … Und anschließend stärkten wir uns mit Donuts, Bagels und einem aromatisierten Kaffee aus einem Megasupermarkt. Dreiundzwanzig besetzte Kassen („shop 'til you drop" = einkaufen, bis Sie umfallen) zählten wir, in der schnurgeraden Reihe hintereinander ein außergewöhnliches Fotomotiv, welches vom reiselustigen Ehemann auf Anhieb erkannt und fototechnisch verwertet wurde. Die Kassiererinnen amüsierten sich, bereit, ihre Tätigkeit so fotogen wie möglich auszuführen. Auch die Rehe, die urplötzlich und unerwartet vor unserem Motel auftauchten, zeigten ihre Rehaugen, gute Miene und schlanke Beine. Yipphie!

Mein Highlight: In San Antonio fühle ich mich traumhaft!

Boerne

Basics

* **mehr als 16.000 Einwohner**

* **1852 benannt nach dem deutschen Publizisten Ludwig Börne**

* **jährliches *Bergesfest* zur Erinnerung an deutschstämmige Tradition**

* **liegt im *Kendall County Bezirk***

MEINE HOT SPOTS

Granny Aupair – die Erste
Shooting Farmen
Hill Country Mile
Boerne Lake
Cascade Caverns
Geier

Boerne hätte ich nie im Leben kennengelernt, wenn ich nicht zufällig in eine Sendung über *Granny-Aupairs* gezappt hätte. Als ich die Reportage über Ladys ab 50 sah, die in irgendeinem Teil der Welt als eine Art deutsche Leihoma auf Zeit aktiv waren, war ich sofort Feuer und Flamme, es ihnen gleichzutun.

Mein 50. Geburtstag lag hinter mir und ich hatte ein Sabbatjahr beantragt, um mich beruflich neu zu positionieren, denn mit Einführung der Inklusion wurde aus meiner Klassenlehrertätigkeit, die ich sehr liebte, ungefragt etwas komplett anderes.

Granny-Aupair? Das hätte eine Lösung sein können. Ich informierte mich über die Organisation, meldete mich an und suchte nach geeigneten Familien in den USA. Sie können sich meine Freude vorstellen, als ich eine alleinerziehende Deutsche mit Kind entdeckte, ihres Zeichens auch Lehrerin. Und wo? Tatsächlich in Texas! Mit begrenztem Zeitraum – für einen Monat wollte sie eine Leihgroßmutter einstellen. War das nur Glück oder Zufall? Der reiselustige Ehemann riet mir zu: „Ich komme mit, bringe dich dort hin, genehmige mir selbst einen Solo Trip und hole dich in vier Wochen wieder ab."

Gesagt, getan. Ich nahm Kontakt auf mit der jungen, sehr sympathischen Kollegin und stellte mir vor, wie wir gemeinsam auf Skorpionjagd gehen würden im heißen wilden Texas. Dazu kam es aber dann doch nicht, sie entschied sich für eine wirkliche Großmutter-Nanny über 70.

Dennoch verabredeten wir ein persönliches Kennenlernen bei nächstmöglicher Gelegenheit. Wir trafen uns, ich erfuhr mehr über das amerikanische Schulsystem und den Lehreralltag und dass sie begeisterte Schützin war. In der Wildnis von Texas ist das bestimmt von Vorteil und ich verrate hier sicherlich kein Geheimnis, dass Texas und Waffen sowieso irgendwie zusammengehören. Sie lud uns ein, bei Interesse eine sogenannte Shooting Farm zu besuchen. Nun, der reiselustige Ehemann war zwar ein guter Schütze, ist da aber seit Grenzschutzzeiten nicht mehr so hinterher und ich besitze bezüglich Zielgenauigkeit das Sehvermögen eines Maulswurfs …

Also musste ein Kontrastprogramm her in Form eines Ausflugs in die Umgebung. *Boerne* liegt in der *Hill Country Mile* zwischen Austin und San Antonio. Eine wunderschöne Landschaft: Der *Cibolo Creek* bietet sich neben dem *Boerne Lake* samt in unmittelbarer Nähe liegendem *Boerne City Lake Park* zum Picknick an und die *Cascade Caverns*, Tropfsteinhöhlen sind eine Besichtigung wert.

Am Wegesrand stehen mitunter aber auch knorrige Bäume, von Trockenheit gezeichnet, auf denen sich einheimische Vögel aufhalten. Zum ersten Mal erlebte ich die Situation *Unter Geiern* (frei nach Karl May). Schon sehr beeindruckend, die Tiere samt ihrer Schnäbel in freier Wildbahn zu erleben und ich war außerordentlich froh, dass sie nicht über uns kreisten.

In Boerne selbst findet man überall deutsche Wurzeln: Der *Boerne Schützenverein* ist bis heute aktiv, ebenso die *Boerne Village Band* und beim oben erwähnten *Bergesfest* wird einmal jährlich tüchtig gefeiert nach deutscher Altherrenart.

Mein Highlight: In Boerne fühle ich mich sehr mit der Natur verbunden!

Bandera

Basics

*** um die 1000 Einwohner**

*** beachtliche Livemusik-Szene, tanzfreudiges Publikum**

*** viele Rodeo-Cowboy-Weltmeister stammen von hier**

*** Spitzname *Cowboy Capitol of the World***

MEINE HOT SPOTS

Cowboy City
General Store
Willie Nelson Plakat
Quilting
Granny Aupair – die Zweite
eine Western Kneipe
Great Western Cattle Trail

Unter den kleineren Städten mag ich Bandera besonders gern. Das liegt nicht nur an meiner nie gelebten Phantasie, als Amazone mit Cowboyhut beim *Barrel Racing* der Damen den Sieg davonzutragen; nein, es liegt an der für mich sofort spürbar gewesenen heimeligen Atmosphäre des kleinen Orts. Ich fühlte mich hier auf Anhieb wohl.

Das liegt sicherlich an mehreren Faktoren. Zum einen bin ich ja in meinem Innern irgendwie ein Cowboymädchen, obwohl ich nur genau zweimal in meinem Leben auf einem Pferd gesessen habe. Bandera hat einfach das spezielle Cowgirl-Flair. Wenn Sie, liebe Leser, nicht genau wissen, was ich meine, dann schauen Sie sich auf der Hauptstraße um. Dort ist ein riesiges Wandgemälde zu sehen, auf dem ein Cowgirl in weißer Bluse, Jeans, Boots und braunem Cowboyhut auf längeren braunen Haaren höchst lässig an einer Felsmauer lehnt, in unmittelbarer Nähe zwei Pferde, beide gesattelt, eins angebunden, scheinbar auf einen Ausritt wartend. Im Vordergrund des Fotos ein sich locker bewegender Ast im Wind (hat der reiselustige Ehemann extra so fotografiert), im Hintergrund des Wandbildes texanisch grünes Hügelland. WUN-DER-SCHÖN!!! Von jener Cowgirl-Lässigkeit bin ich weiterhin noch weit entfernt, das macht aber nichts. Auch die längste Reise beginnt mit dem ersten Schritt und den in den Steigbügel eines Sattels habe ich bereits erledigt. Vor Jahren! Nun kann der Rest *Texanische Lässigkeit* locker folgen … So just relax!

Im Straßenbild von Bandera sieht man natürlich auch Harleys, deren Fahrer meist leicht „wild" aussehen und dabei oft ein Herz aus Gold haben und als Kontrast dann Pferdekutschen.

Grandios dagegen, wenn Sie bei meist texanischer Hitze weiter im Ort umherspazieren, ist der *General Store*. Ich liebe, liebe, liebe diesen Laden!! Stunden könnte ich dort verbringen, um all das Besondere, das Kuriose und das Originelle, das Ausgefallene und Eigenartige zu erfassen, was es in diesem Geschäft zu entdecken gibt. Ein dort noch hängendes *Willie Nelson Plaket*, Leftover (Überbleibsel) der Kampagne 2004, ermuntert per Wahlslogan: „Willie Nelson for President!" Auch eine Idee, oder?!

Krass gemusterte Cowboystiefel, Hüte en masse, Kaffeebecher, denen ich kaum widerstehen konnte (BANDERA – COWBOY CAPITOL OF THE WORLD), dazu American Ice Cream vom Tresen und ein kleines Schwätzchen gratis dazu – das war für mich das perfekte Shoppingerlebnis. Und versprochen – ich komme wieder, sobald ich kann!!

Auch der *Quilting Laden* ist ein Ort der Warmherzigkeit. Freundlichste Ladys, die uns bereitwillig Auskunft gaben über das *Quilten*. In Deutschland kennt man diese Art von kreativem Nähen unter dem Namen Patchwork. Äußerst vielfältig gemusterte Stoffe in allen Regenbogenfarben, kunstvoll in Mustern zusammengefügt. Würde ich in Bandera wohnen, würde ich den örtlichen *Quilting-Club* sofort um Aufnahme bitten, obwohl meine Nähkenntnisse begrenzt sind. Aber die Geschichten, die ein Quilt erzählen kann oder soll, sind faszinierend. Nähen und gleichzeitig mein Amerikanisch zu verbessern, wäre eine höchst vielversprechende Option. You bet!

Trotz misslungener Granny Aupair-Aktion haben wir uns einen lockeren Kontakt zu jener deutschen Kollegin bewahrt und treffen sie, wenn es grad passt; das letzte Mal auf ein Bierchen in einer höchst urigen Kneipe, der *11th Street Cowboy Bar* mit Platz für *Harleys and Horses*. Sehr zu empfehlen, tolle Live Musik Sessions!

Guest Ranches vermitteln Urlaubern das *richtige* Western Feeling und *echte* Cowboys erzählen vom *Great Western Cattle Trail*, der hier – wie der *Chisholm Trail* – ab 1874 startete und jahrzehntelang bis nach Nebraska führte.

Mein Highlight: In Bandera fühle ich mich rundherum wohl!

Corpus Christi

Basics

* **mehr als 330.000 Einwohner**

* **entdeckt am Fronleichnamsfest 1519, daher genannt *Corpus Christi***

* **Heimatort von Farrah Fawcett, einem der *3 Engel für Charlie***

* **Spitzname *Sparkling City by the Sea***

* **besitzt einen der größten Seehäfen der USA**

MEINE HOT SPOTS

Texanische Riviera
Hafen
USS Lexington
Harbour Bridge
Columbus Flotte
State Aquarium
Art Museum of South Texas
Bodypainter

Corpus Christi – kann es einen ungewöhnlicheren Namen für eine Stadt in den USA geben? Wohl kaum. Gerade deshalb zog mich die Stadt magisch an. Auch ihre Lage am Golf von Mexiko erschien mir durchaus attraktiv.

Daher musste ich den reiselustigen Ehemann nicht lange überreden, mit mir die *Texanische Riviera* zu erkunden. Sonne, Strand und Meer ist er nie abgeneigt. Das Klima ist feucht und heiß, gute Sonnencreme und einen Hut braucht man immer, aber da häufig von Meeresseite eine kleine Brise weht, ist es temperaturmäßig recht gut auszuhalten. Finden wir. Bewohner aus dem hohen Norden mögen das anders sehen.

Von unserem gemieteten Condominium (einem Apartment) im südlichen Teil der Stadt ging's zum Hafen und wer Zeit und Lust hat, besucht auch die Strände der vorgelagerten Inseln von *Padre Island* und *Mustang Island.* Ganz Texas – na, jedenfalls fast ganz Texas – ist sportbegeistert; hier bietet sich natürlich der Wassersport in allen Varianten an: Ob Angeln, Segeln, Windsurfen oder einfach Schnorcheln, alles ist möglich und wird mit Begeisterung betrieben. Wem das zu anstrengend ist, lässt sich im Boot umherfahren und genießt beim Sightseeing den Ausruhsport.

Der reiselustige Ehemann jedoch wollte unbedingt den Flugzeugträger *USS Lexington* aus dem 2. Weltkrieg besichtigen. Dazu fuhren wir über die sehenswerte *Harbour Bridge*, eine mächtige und auffällig gebaute Hafenbrücke. Ich zog es vor, an Land zu bleiben, suchte mir ein Plätzchen am Wasser und kam endlich dazu, in meiner mitgebrachten Reiselektüre zu schmökern und in die neue CD *Duets* von *Reba McEntire* hineinzuhören. Als kleinen Snack ein paar *Chocolat Chip Cookies* und *Lemon Ice Tea*, so lässt sich der Urlaub genießen. Die Zeit verging wie im Flug und der reiselustige Ehemann tauchte wieder auf mit geschätzt 1000 Fotoaufnahmen mehr „im Gepäck".

Dabei wartete noch die *Columbus Fleet* auf uns, hier war ich dann auch wieder mit von der Partie. Im Cargo Deck One lagen die *Nina, Pinta* und *Santa Maria*, mit denen die mutigen Männer um Entdecker Columbus Amerika entdeckten. Ob die Schiffe heute immer noch wassertauglich und anzuschauen sind, entzieht sich leider meiner Kenntnis. Damals überlegte ich mir, wieviel Forschergeist und Abenteuerlust wohl in den Männern gesteckt haben muss, die sich aufs weite Meer wagten mit kleinsten Schiffen, ohne zu wissen, ob sie es je wieder nach Hause schaffen würden. Und welche Frauen wohl gerade diese Männer geheiratet hatten. Spannend …

Nun, im *Texas State Aquarium* stellen sich solche herzbewegenden Fragen nicht so. Es hat sich vor allem den Umweltschutz auf die Fahnen geschrieben. In den Becken kann man unzählige Meeresbewohner sehen, u. a. sogar Seeotter, seltene Quallen und Frösche. In speziellen Bassins kann man Rochen und Haie zum Streicheln nah erleben – selbstverständlich nur unter den Augen des wachsamen Aufsichtspersonals. Und wenn Sie aufmerksam sind und gut beobachten können, finden Sie vielleicht NEMO.

Ein geschultes Auge ist auch von Nutzen, wenn Sie das Art *Museum of South Texas* besuchen. Es ist ein modernes Kunstmuseum, je nach Angebot können Sie Skulpturen bewundern, Gemälde interpretieren oder Fotografien mit Ihren eigenen vergleichen. Das Gebäude selbst ist leicht futuristisch und liegt wunderschön am Wasser. Dort lernten wir zum ersten Mal die Glaskunstobjekte des *Dale Chihuly* kennen. Wir waren hingerissen und sofort so verliebt in die bunten Farben und unterschiedlichsten Kreationen, da wollten wir natürlich mehr sehen. Gesagt, getan. Kurzerhand entschlossen wir uns, Tacoma, den Geburtsort des Künstlers, auf der folgenden USA-Reise mit in unser Tourprogramm aufzunehmen. Inzwischen waren wir längst dort, aber auch das ist eine andere Geschichte … Nebenbei ein kleiner Tipp aus gegebenem Anlass: Bodypainter retouschieren perfekt kleine Mietwagenschrammen.

Mein Highlight: In Corpus Christi fühle ich mich als echte Urlauberin!

Add-on: Jingle Bells – Weihnachten in Texas

Weihnachtsbräuche in Texas, Weihnachtsbäume, Traditionen

Wie Sie ja bereits wissen, liebe Leser, bin ich damals 1993 in Houston von einem riesigen Weihnachtsbaum empfangen worden. Denn: In Texas ist alles Texas Size, also größer als im Rest der USA. Das wusste ich zwar damals noch nicht, aber da ich ein absoluter Weihnachtsfan bin, kommt mir das natürlich sehr entgegen. Warum? Weil natürlich auch Weihnachten im großen Stil gefeiert und zelebriert wird.

Sicherlich kennen Sie alle die einschlägigen, für unseren deutschen Geschmack oft etwas zu kitschig, zu sentimental oder auch zu laut und übertrieben wirkenden amerikanischen Weihnachtsfilme. Santa Claus taucht überall auf, je größer, desto besser. Ob als Standbild, ob lebensecht, ob sanftmütig daher blickend oder auch als etwas wilderer Gesell mit gutem Herzen.

Der amerikanische Weihnachtsmann wohnt am Nordpol und bringt seine Geschenke mit dem Schlitten, der von bis zu 12 Rentieren gezogen wird, damit die Geschenke auch rechtzeitig ausgeliefert sind. Absoluter Star ist hierbei selbstverständlich Rentier Rudolph mit der roten Nase. Er ist dadurch schon etwas Besonderes und freut sich jedes Jahr wieder über das bekannte, ihm gewidmete Lied: *Rudolph, the Red-Nosed Reindeer.*

Kleine Notiz am Rande: Verleugnen darf man den Weihnachtsmann in Texas nicht, das wird bestraft.

Laut unserer hiesigen Zeitung ist gerade jemand im Dezember festgenommen worden. Ein 31-jähriger hatte sich vor eine Kirche gestellt und behauptet, dass es den Weihnachtsmann gar nicht gäbe, während im Kirchenraum ein Frühstück mit Santa Claus stattfand. Der Bürgermeister des Ortes fand das sehr uncool und rief die Sheriffs. Ende der Aktion: Abmarsch des Täters in Handschellen.

Weihnachten wird in den USA am 25. Dezember gefeiert. Seit 1870 ist dieser Tag auch ein offizieller, gesetzlicher Feiertag. Die Betriebe, die Schulen, die Ämter und nahezu alle Geschäfte bleiben geschlossen, so dass die meisten Arbeitnehmer frei haben.

Also erwarten die amerikanischen Kinder auch erst am Morgen des 25. Dezember die Geschenke von Santa Claus. Gut so, sonst käme der alte Herr zeitlich gesehen sehr in Bedrängnis. Ein Tellerchen mit Keksen und ein Glas Milch soll ihm die Ankunft versüßen und als Stärkung dienen. Traditionell legt Santa die Geschenke dann unter den üppig geschmückten Weihnachtsbaum (der auch künstlich sein darf) oder steckt sie in die dafür am Kamin hängenden großen Strümpfe.

Apropos Weihnachtsbaum: Reich behängte Weihnachtsbäume, geschmückt mit Lichtern, schlicht weiß oder auch farbig blinkend, dazu alle möglichen Sorten von Christbaumkugeln, Glitzergirlanden und rotweiße, nach Pfefferminzbonbon schmeckende Spazierstöcke (Candysticks) sind in den amerikanischen Wohnstuben sehr beliebt. Aber es ist nicht nur diese Deko, sondern in vielen Familien auch eine kleine Gewürzgurke in Form eines Christbaumschmuckes. Sie ist dann aus Glas, grün wie der Baum und dadurch gut getarnt. Das Kind, das sie zwischen den Zweigen zuerst entdeckt, bekommt ein Extrageschenk. In manchen Familien darf es mit dem Auspacken der Päckchen beginnen. Woher dieser Brauch stammt, ist nicht bekannt. In Amerika vermutet man Deutschland als Herkunftsland für diese Tradition. Aber ganz ehrlich: Ich kenne keine deutsche Familie, die nach einer gläsernen Gewürzgurke im Weihnachtsbaum sucht. Wir auch nicht! Aber lassen wir die Amerikaner in ihrem Glauben. Die witzige Idee ist es doch wert.

DRIVING HOME FOR CHRISTMAS ist nicht nur ein altbekannter Weihnachtssong, der nur gesungen wird, nein, er wird auch praktiziert. Millionen von Amerikanern fahren heim zu ihren Familien. Gerade deshalb, weil fast alle arbeitsfrei haben, besteht die Möglichkeit, das Fest gemeinsam zu feiern.

Nach dem großen Auspacken der Geschenke folgt dann ein festliches Essen mit Familie, Freunden und auch Nachbarn. Meist gibt es Truthahn mit etlichen Beilagen und auch ein Dessert darf dann nicht fehlen, dazu werden gebrannte Mandeln oder Pekannüsse geknabbert.

In der Vorweihnachtszeit bzw. im Dezember ist es generell in Amerika und natürlich auch in Texas sehr geschäftig, ähnlich wie bei uns. Die Häuser werden mehr oder weniger stilvoll dekoriert, überall blinken und blitzen die Lämpchen an den Lichterketten. Mistelzweige und Candy Sticks schmücken Geschäfte und manche Straßenlaterne. Es glimmert und glitzert, schimmert und scheint. Weihnachtskugeln verschönern jede Ecke, wackelnde Weihnachtsmänner krakeelen auf Knopfdruck *Jingle bells*, Cookies werden in Hülle gebacken und in Fülle verspeist. Wem Kekse noch nicht reichen, der greift beherzt zu *Cinnemon Rolls* (Zimtrollen) und trinkt neben *Eggnog* (Eiergrog) auch heiße Schokolade. Die *Marshmallows on top* sind dabei ein Muss. Sieht aber auch zu schön aus und ist leeeecker!!! Zumindest, wenn man ein Süßschnabel ist. Ich bin!

Und die Tradition des Kärtchen Schreibens scheint oft im Wettbewerb zu enden, wer denn nun wirklich die schönste Karte verschickt hat. Der reiselustige Ehemann und ich sind immer wieder beeindruckt, welch Kunstwerke uns alle Jahre wieder ins Haus flattern. Witzig oder edel, verspielt oder frech, künstlerisch oder einfach nur fröhlich, alle Varianten hingen schon zur Weihnachtszeit bei uns im Wohnzimmer.

Die Verpackungsindustrie in den USA ist riesig. Für jede Gelegenheit, sei es Geburtstag, Hochzeit, Babys Geburt oder auch Ostern, Weihnachten, Frühling und Halloween, für jedes Event gibt es unzählige Möglichkeiten, es zu gestalten.

Nirgendwo anders habe ich so eine Auswahl und Vielfalt an Deko gesehen: Geschenkpapier, Geschenkbänder, Geschenktüten, dazu Sticker, Luftballons, Girlanden, passende Styroporartikel, Lichterketten, Outdoor-Weihnachtsmänner, Indoor-Schneemänner oder umgekehrt und und und ...!

Da ich selbst eine „Basteltante" bin und zudem größte Freude an schnörkeligen und filigranen Arbeiten entwickle, fühlte ich mich immer wie im 7. Himmel der Kreativität und bedauerte oft, nicht das doppelte Koffervolumen zur Verfügung zu haben. Glücklicherweise ist der reiselustige Ehemann ein hervorragender Tetris-Spieler, der einiges immer noch verstaut bekam, wo ich schon aufgegeben hätte. So aber reisten stets etliche Impulskäufe („Oh, schau mal, ist das nicht süß, das wäre perfekt für meinen Geburtstag …!") mit über den großen Teich und zu Hause, wenn der Koffer ausgepackt wurde, war die Freude ein zweites Mal groß. Nur die Verwandtschaft wunderte sich bisweilen über Teekannen in Form eines Weihnachtsmannes oder in allen Regenbogenfarben wild blinkende Engel, die sich drehen und *Silent Night, holy Night* singen.

Weihnachtsgeschenke werden zahlreich gekauft und auch üppig verpackt in großen Schachteln, geschmückt mit allerlei Bändern oder überdimensionaler Schleife. Amerikaner lieben das Schenken. Kinder, Familienmitglieder, Freunde, Nachbarn und auch Betriebsangehörige werden bedacht.

Und es ist die Zeit der Wohltätigkeitsveranstaltungen. Oft wird gesammelt, um auch denen, die kaum etwas haben, eine Freude zukommen zu lassen.

Weihnachten im Texas-Stil

Fort Worth: Mit zahlreichen Paraden und Festen feiern die Texaner die Vorweihnachtszeit. Am 1. Dezember findet im ehemaligen Güterbahnhof Stockyard Station in Fort Worth, wo einst die Rinderherden durchgetrieben und verladen wurden, Christmas in den Stockyards statt. Ein abwechslungsreiches Unterhaltungsprogramm sowie zahlreiche Aktivitäten sorgen für Spaß bei Jung und Alt. Neben Live-Musik und Tanz werden Geschichten vorgelesen und Lieder gesungen.

Mehr Details unter www.stockyardsstation.com

San Antonio: In San Antonio steht alljährlich zu Anfang Dezember die Christmas Parade on the River auf dem Programm. Bei dieser Parade am San Antonio River Walk erstrahlen mehr als 120.000 Weihnachtslichter. Zur Freude der Kinder fehlt auch Santa Claus nicht, der im Rahmen einer weihnachtlichen Bootsparade über den Fluss kommt. Der River Walk bleibt den ganzen Monat über beleuchtet.

Weitere Infos unter www.thesanantonioriverwalk.com und www.sanantoniovisit.com

Waxahachie: In Waxahachie, südlich von Dallas gelegen, erstrahlt ab 30. November Bethlehem in neuem Glanz. Mit Hilfe der Einwohner wird der Geburtsort von Jesus Christus originalgetreu nachgebaut und ist unter dem Motto *Bethlehem Revisited* für Besucher in der ersten Dezember-Hälfte geöffnet.

Infos unter www.waxahachiechamber.com

Grapevine (Christmas Capital of Texas): Grapevine, die offizielle texanische Weihnachts-Hauptstadt, zählt jedes Jahr über 1.400 Veranstaltungen rund um die schönste Zeit des Jahres. Das *Christmas Capital of Texas* versteht es, Kinderaugen leuchten und Vorfreude aufkommen zu lassen.

Die *Great Wolfe Lodge* beispielsweise verwandelt sich dann in ein riesiges Schneeland mit über 900 Tonnen Eis, aus welchem chinesische Künstler im Rahmen der Ausstellung ICE! beeindruckende Skulpturen formen. Aus der traditionellen Dampfeisenbahn, der *Grapevine Vintage Railroad,* wird ab Ende November bis Anfang Januar der *Nordpolexpress*: eine einzigartige Rundfahrt auf den Spuren von Rentier-Rudolph und Santa Claus.

www.gourmet-report.de/artikel/13165/weihnachten-im-texas-stil/

Aber Texas wäre nicht Texas ohne weitere feierliche Höhepunkte zum Jahresende:

Galveston: *Winter Wonder Islan*d und *Festival of Lights*: Über 50 Tage, von November bis Januar, fühlen sich Besucher von Galveston Island wie im Winterwunderland. Die der texanischen Küste nahe Houston vorgelagerte Insel wird ihrem Namen als *Winter Wonder Island* jedes Jahr wieder gerecht.

Zum *Santa Hustle* im Dezember treten die sportlichsten Weihnachtsmänner und -frauen der Region zu einem Halbmarathon oder alternativ einem 5.000-Meter-Lauf in passender rot-weißer Montur an. Für die gebührende Motivation entlang der Wegstrecke sorgen die typische Festtagsmusik, Weihnachtsgebäck und Kerzenschein.

Von 12. November bis einschließlich 8. Januar erhellen zudem über eine Million Lichter die bekannten Pyramiden des Themenparks *Moody Gardens*: Das *Festival of Lights* in Galveston ist Tradition und zählt zu den größten Veranstaltungen der Region, während sich Galveston Island in ein Winterwunderland inmitten des Golfs von Mexiko verwandelt.

TEXAS Christmas und diese Veranstaltungen stehen definitiv noch auf unserer „Bucket list“, denn einmal im Leben möchte ich mit den Texanern „I wish you a merry christmas“ singen.

BONUS TRACK 1: TEXAS HISTORY

Hier geht's um eine Kurzreise durch die texanische Geschichte, den Rohstoff Öl und deutsche Siedler.

Ziemlich viele Sachinformationen, aber trotzdem: GUT ZU WISSEN:

Texanische Geschichte

Texas hat den Beinamen **Lone Star State** (Staat des einsamen Sterns), da auf seiner Flagge nur ein Stern zu sehen ist. Texas hat von allen US-Bundesstaaten nach Alaska die zweitgrößte Fläche und nach Kalifornien die zweitgrößte Bevölkerungszahl. Mit seinen 254 Countys hat Texas die meisten Countys eines Bundesstaats der Vereinigten Staaten. (siehe TEXAS)

Einwohner: 28.3 Millionen (Schätzung 2017)
Fläche: rund 696.000 km^2
Hauptstadt: Austin

Staatsmotto: Friendship (Freundschaft)

Der Name Texas kommt von dem Wort *Tejas*, das aus der Sprache der amerikanischen Ureinwohner stammt und Freundschaft bedeutet. (siehe USA Tipps)

Staatslied: „Texas, our Texas" (Texas, unser Texas, seit 1929)
Staatsblume: „Lupine" (Bluebonnet, seit 1901)
Staatsvogel: „Spottdrossel" (Mockingbird, seit 1927)
Staatsbaum: „Pekanbaum" (Pekantree, seit 1919)

Die wechselvolle Geschichte beschreiben die „Sechs Flaggen über Texas". Nein, hier sind nicht die gleichnamigen Freizeitparks gemeint. Dieser

Slogan symbolisiert die Nationen, die eine Komplett- oder Teilsouveränität des heutigen US-Staates besaßen:

- Spanien (1519 bis 1685; 1690 bis 1821)
- Frankreich (1684 bis 1690 für Fort Saint Louis und 1800 bis 1803 als Französisch Louisiana)
- Mexiko (1821 bis 1835)
- Republik Texas (1836 bis 1845 als Republik Texas; seit 1845 als Bundesstaat Texas)
- Vereinigte Staaten von Amerika (1845 bis 1861; 1865 bis heute)
- Konföderierte Staaten von Amerika (1861 bis 1865)

Wie alles begann

Vor vielen tausend Jahren siedelten unterschiedliche Indianerstämme im heutigen Gebiet von Texas und am Golf von Mexiko. Als die spanischen Entdecker ankamen, lebten zahlreiche indianische Völker auf texanischem Boden wie die Alabama, Apachen, Caddo, Comanche, Cherokee, Kiowa und Wichita. 1519 kartografierte Alonso Álvarez de Pineda die Küste von Texas.

1. Flagge: Es wurden erste Siedlungen und Missionen gegründet. 1621 gründeten die Spanier die Stadt Corpus Christi de la Isleta. 1659 wurde El Paso gegründet.

2. Flagge: Auch Frankreich zeigte Interesse und gründete eine Siedlung namens Fort St. Louis, konnte diese jedoch durch Angriffe der Indianer und Krankheiten nicht lange halten. Auch die Versorgung des Ortes war zu problematisch. So blieb Texas spanisch. 1718 wurde die Mission San Antonio de Valero gegründet, aus der später das Fort The Alamo hervorging. 1786 entdeckte Pedro Vial einen Weg zwischen San Antonia und Santa Fe. Dieser wurde später die Handelsroute Santa Fe Trail.

3. Flagge: 1821 erkämpfte sich Mexiko die Unabhängigkeit von Spanien, mit einher geht eine stärkere Einwanderung aus den USA. Stephen F. Austin siedelt 1823 mit 297 Familien und gründet die Stadt San Felipe de Austín. Diese als *Old Three Hundred* bezeichnete Gruppe war der Grundstein der anglo-amerikanischen Besiedelung von Texas und Stephen Austin gilt damit als Father of Texas.

Es entwickelten sich allerdings mehr und mehr Spannungen zwischen Mexikanern und US-amerikanischen Siedlern. Auch das Verbot der Sklaverei in Mexiko wirkte verschärfend. Die USA boten Mexiko an, Texas zu kaufen. Mexiko reagierte 1830 mit einem Zuwanderungsverbot aus den USA. Trotz eingeräumter Sonderrechte an Texaner wurde die Zahl der Separatisten größer und am 2. Oktober 1835 begann mit dem Gefecht von Gonzales der Texanische Unabhängigkeitskrieg.

4. Flagge: In seinem Verlauf wurde *The Alamo* im Dezember 1835 von den aufständischen Siedlern besetzt und weiter befestigt. Der frühere Gouverneur des US-Staates Tennessee, Sam Houston, übernahm den Oberbefehl über die texanischen Truppen. Als der mexikanische General und Präsident Santa Anna mit 7.000 Mann den Rio Grande überschritt, um den Aufstand niederzuschlagen, wurde Houstons vorläufiger Rückzug von den etwa 200 Verteidigern im *Alamo* vom 23. Februar bis zum 6. März 1836 gegenüber mehr als 4000 mexikanische Soldaten verteidigt. Am 2. März 1836 erklärte Texas seine Unabhängigkeit. Die Republik Texas wurde ausgerufen, von der mexikanischen Regierung aber nicht anerkannt. Der mexikanische Präsident General Santa Anna entsandte Truppen in die Region, um die Abtrünnigen zur Raison zu bringen. Es kam zum Krieg.

Mexikanische Truppen besetzten die Hauptstadt San Felipe de Austin. Es gelang ihnen auch, die Festung von *Alamo* am 6. März 1836 einzunehmen. Die mutigen texanischen Verteidiger des Forts jedoch gingen trotzdem Niederlage in die Geschichtsbücher der USA ein und wurden zu Helden des texanischen Freiheitskampfes.

Der Kampf gegen die mexikanische Übermacht wurde zum Symbol des Unabhängigkeitskrieges und begründete damit ein starkes texanisches Selbstvertrauen, das sich schließlich auch in der entscheidenden Schlacht dieses Krieges zeigte: In der Schlacht von San Jacinto im April 1836 gelang es etwa 800 texanischen Soldaten unter der Führung von General Sam Houston tatsächlich, die doppelt so starken Truppen des mexikanischen Generals Santa Anna beinahe ohne eigene Verluste zu besiegen und diesen in Gefangenschaft zu nehmen. Damit war der Krieg gewonnen.

Sam Houston wurde zu einer nationalen Berühmtheit und erster Präsident des unabhängigen Landes Texas, die Schlachtrufe *Remember Goliad!*" und *Remember the Alamo!* wurden Teil der texanischen und später amerikanischen Geschichte.

Erster Außenminister wurde Stephen F. Austin und die Flagge der unabhängigen Republik Texas wurde die vierte in der Geschichte. Doch viele Menschen wünschten sich den Anschluss an die USA.

5. Flagge: Am 29. Dezember 1845 wurde Texas dann ein Bundesstaat der USA. Es folgte der Mexikanisch-Amerikanische Krieg, der 1848 endete. Neue Gebietsgewinne gingen an das neue Territorium New Mexico.

6. Flagge: 1861-1865 schloss sich Texas allerdings eine Zeitlang den Konföderierten Staaten von Amerika (Südstaaten) an.

1876 wurde es jedoch wieder ein Bundesstaat der Union (der 28.) und kehrte also zur **5. Flagge** und damit zur Flagge der Vereinigten Staaten von Amerika zurück. Dabei ist es bis heute geblieben (siehe TEXAS)

Schwarzes Gold in Texas oder: Als das Erdöl zu sprudeln begann

Ab 1901 wurden große Erdölreserven auf dem Gebiet des Staates und im Golf von Mexiko entdeckt und man begann mit der Förderung. Dies hatte immense Auswirkungen auf die Wirtschaft von Texas und ist bis heute einer der Wohlstandslieferanten der Region. Auch der Zweite Weltkrieg hatte drastische Folgen, da viel Kapital in den Bau von Militärbasen, Munitionsfabriken und in die Kriegsindustrie investiert wurde. Viele Farmer gaben damals ihre bis dahin betriebene Landwirtschaft auf. Auch andere industrielle Sektoren erhielten einen Aufschwung.

Die Entdeckung von Erdöl, unerwartet gefunden, half Texas Geschichte zu schreiben: Ein österreichisch-ungarischer Ingenieur, der 1879 nach Michigan kam, interessierte sich für Bohrkonzessionen. Er änderte seinen Namen ins Amerikanische, hieß fortan Anthony Francis Lucas und pachtete 1899 nach entsprechenden Angeboten ein Grundstück auf dem Spindle-

top Hill. Eigentlich, um Salz zu schürfen. Nach ersten Bohrungen, die nicht wirklich erfolgreich waren, stieß Lucas am 10. Januar 1901 auf den bis dahin größten Ölfund in der amerikanischen Geschichte: Bis zu 100 Meter schwarzem „Gold“ schoss aus dem Bohrloch Richtung texanischem Himmel. 10.000 Tonnen Rohöl kamen so pro Tag ans Tageslicht.

Es begann ein Ölboom (Oil Boom), der durch die nun einsetzenden Spekulationen und die Entdeckung weiterer Ölvorkommen die texanische Wirtschaft veränderte – zum Positiven.

„Bis heute finden sich in Texas einige der ertragreichsten Ölfelder Nordamerikas und nicht zuletzt aus diesem Grund zählt Texas zu den wirtschaftlich stärksten US-Bundesstaaten.“ (siehe AMERICANET)

„Doch auch Landwirtschaft und Viehzucht fanden nach den Boomjahren des Zweiten Weltkrieges ihren Platz in einer zunehmend dienstleistungsorientierten Gesellschaft. In den 1960er Jahren bemühten sich die Texaner außerdem, ihr Bildungssystem zu modernisieren und die Universitäten auszubauen.“ (Siehe USA Info)

„Texas kann sich inzwischen etlicher herausragender Universitäten rühmen, u.a. der RICE Universität in Houston. Die *William Marsh Rice University,* kurz *Rice University* ist eine private US-amerikanische Universität in Houston, Texas. In Hochschulrankings zählt sie regelmäßig zu den besten 20 Universitäten des Landes.“ (siehe RICE UNIVERSITY)

Auch die *University of Texas* in Austin, Texas bietet etwas Besonderes, was den reiselustigen Ehemann seinerzeit sehr erfreute, als er es entdeckte: Das F. Erwin Center auf dem Campus der Uni. Denn erstens findet man ERWINS allen deutschen Siedlern zum Trotz nicht sehr häufig.

Und zweitens wird sie zwar schnöde als Mehrzweckhalle betitelt, entpuppte sich aber als Heimatspielort der *Texas Longhorns* (*National Collegiate Athletic Association*) sowie der *Austin Wranglers* (*Arena Football League*). Doch nicht genug: Neben Sportveranstaltungen wird die Halle auch für Konzerte genutzt. Dass neben so berühmten Künstlern wie Neil Diamond oder den Bee Gees sogar der Ex-Beatle Paul McCartney, ein vom reiselustigen Ehemann hochverehrter Musiker, im ERWIN Center aufgetreten war, diese Information blieb bis heute ein wahres Highlight. Beinhaltete allerdings stets auch ein leises Bedauern, nicht dabei gewesen zu sein.

Deutsche Siedler in Texas

„Zum heutigen Zeitpunkt ist Texas eine Mischung aus amerikanischer und mexikanischer Kultur. Äußerliches Zeichen dafür sind die Speisekarten der vielen Tex-Mex-Restaurants. Spanisch ist nicht nur eine Randerscheinung, es gibt spanische Radio- und Fernsehsender und häufig sind Schilder zweisprachig.

Aber auch der deutsche Einfluss ist in Texas stärker als in vielen anderen Staaten der USA. Viele US-Amerikaner fühlen sich persönlich mit Deutschland verbunden. Als Land ihrer Ahnen nennen der jüngsten Volkszählung zufolge fast 43 Millionen Amerikaner Deutschland – selbst Irland und England folgen erst mit Abstand.

Bereits 1831 kamen die ersten deutschen Einwanderer. Städte wie New Braunfels und Fredericksburg sind noch heute ein Synonym dafür. Die deutsche Kultur oder besser gesagt das, was heutige amerikanische Nachfahren als solche empfinden, lebt in zahlreichen Traditionsvereinen fort (Sängerbund, Liederkranz, Frohsinn, Singing Society usw.). *Wurstfest* und *Octoberfest* werden regelmäßig gern gefeiert (teils mit Polka in Dirndl und Lederhose), obwohl der Bezug zu Deutschland bzw. Bayern in der Realität der Festveranstaltung sehr gering ist." (siehe USA Tipps)

Auch wir wurden auf unseren Reisen – bedingt durch unseren „little german accent" – hier häufig auf Deutschland angesprochen in liebenswert hochamerikanisierten Deutschbröckchen.

In kurzen Plaudereien folgte oft die Frage, wo aus Deutschland wir denn herkämen. Nachdem wir unsere CITY OF THE PIED PIEPER kurz beschrieben und geographisch einordneten (Northern part of Germany, Lower Saxony, one hour drive to Hanover) zeigten sich die Texaner interessiert, nicht ohne zu erwähnen, dass bereits verstorbene oder aktuelle Verwandtschaft in Heidelberg oder München oder Frankfurt (z. T. stationiert) gewesen sei. „Germany is soo beautiful!", hörten wir durchgängig und fast immer endete das Gespräch dann mit: „Well, one day I'd like to go there!" Wir haben sie immer ermutigt dazu: „Oh, definitely you should!"

BONUS TRACK 2: TEXAS ARTS AND CRAFTS

Hier geht's um die Musikszene, die Stiefel- und Hutmode und die Herstellung von Quilts.

Musikszene

Hätte mir jemand 1980 erzählt, dass ich mal Tausende von Kilometern auf amerikanischen Straßen unterwegs sein werde, vermutlich hätte ich geschmunzelt. Und hätte derjenige dann noch prophezeit, dass auf den Autofahrten neue amerikanische Countrymusik ein ständiger Begleiter sein würde, wäre meine Reaktion mit Sicherheit ein verständnisloses Kopfschütteln gewesen. Oder ich hätte herzhaft gelacht. Damals!

Jahre später, als ich dann tatsächlich in den USA – sprich Texas – meine ersten Reiseerfahrungen machte, empfand ich das komplett anders. WARUM?? Unser erstes gemietetes Fahrzeug war typisch amerikanisch und ein Glücksgriff für uns. Wir bekamen nämlich einen Ford Thunderbird, kurz *Tbird* genannt. Eine Riesenkutsche mit ungewohnten Ausmaßen und enormer Tankgröße. Aber ein tolles Auto, in dem wir uns sofort amerikanisch (wohl-) fühlten. Erst recht, als wir an den Tankstellen die dortigen Benzinpreise sahen!

Wir erfreuten uns an einer großen Auswahl an Country-Sendern und einer noch größeren Anzahl an Interpreten. Die „next generation", so will ich die jüngeren Künstler mal nennen, z. B. die Dixie Chicks, Faith Hill, George Strait und Brad Paisley (um hier wirklich nur ein paar zu nennen), aber auch die älteren Interpreten „begleiteten" uns auf den Autobahnen und verkürzten scheinbar die Fahrzeit. Der reiselustige Ehemann und ich, wir fühlten uns großartig, genossen die Freiheit des Unterwegsseins und sangen vor Begeisterung, wenn auch nicht immer richtig, dann doch zumindest laut mit.

Denn wir waren inzwischen richtige Country Musik Fans geworden. Manchmal hatten wir Glück, es passte vom Termin und wir konnten grandiose Konzerte erleben (wenn auch nicht immer in Texas), z. B. von Sherrie Austin, Tim McGraw, Toby Keith und Keith Urban (dem heutigen Ehemann von Schauspielerin Nicole Kidman). Es waren bemerkenswerte Auftritte; einmal brachte ich von einem Festival sogar stolz ein Airbrush Tattoo mit heim, mein erstes (und einziges). Ich fühlte mich seeehr cool und bohemian! Aber gesprühte Tattoos verschwinden und auch Ferien gehen zu Ende …

Der Vollständigkeit halber sei erwähnt, dass wir auf einer anderen Reise Nashville und die *Gran' Old Opry* besuchten, auf die Bühne vors Mikro durften und natürlich auch Tickets für eine Show der *Old School Country Music* kauften. Ebenso ein unvergessliches Erlebnis! Das wurde noch verlängert durch ein mitternächtliches Mahl (McDonalds Cheeseburger nebst eisgekühlter Cola) im Auto, während wir der gerade miterlebten und nun im Radio aufgezeichneten Show lauschten. Für uns das authentische Amerika- Gefühl.

Dazu passt, dass wir auf dieser Reise dann in zwei Tagen gut 1100 Kilometer von Nashville, Tennessee über Arkansas nach Texas zurückfuhren, um bei einem Konzert von John Michael Montgomery im berühmten Honky Tonk *Billy Bob's* in Fort Worth dabei zu sein.

Was gibt es ansonsten zur Texas Musikszene zu erwähnen? Natürlich das Musikfestival *Austin City Limits*, im Jahr 2018 sogar von Paul McCartney persönlich eröffnet! Jeden Herbst treten im Texas' Zilker Park von Austin binnen drei Tagen mehr als 100 Pop-Acts auf acht Bühnen auf.

„Das ist eindrucksvoll, aber natürlich kann man es im Heimatstaat des großen George W. Bush auch noch ein wenig größer haben. (...)

Etwa beim *South by Southwest* (SXSW), einem seit 1987 ebenfalls jährlich in Austin und Umgebung stattfindenden Festival mit Schwerpunkt Independent-Music. An vier Tagen im März gastieren hier mehr als 1000 Musiker. Für die Texaner ist SXSW das größte Konzert-Event der Welt. Zieht man den Lokalpatriotismus ab, bleibt immerhin eines der größten Musikfestivals in den USA.

Auch außerhalb der Festivalsaison präsentiert sich Austin als *Live Music Capital of the World*: Jeden Abend finden über die Stadt verteilt mindestens 100 Konzerte statt. Von Klassik bis Rock, Folk und Jazz, Country, Indie, Blues, Hip-Hop, Reggae, Bluegrass – you name it! We play it!

Mehr als zehn Prozent der Einwohner von Texas sind deutscher Abstammung, das sind etwa 2,5 Millionen Menschen. Wie alle Nachfahren von Einwanderern tanzen auch die „deutschen" Texaner gerne zu jener Musik, die in der Heimat ihrer Vorfahren zum Zeitpunkt der Auswanderung populär war.

In deutschen Landen und bei den Untertanen des österreichischen Kaisers hießen die *Dancefloor-Fillers* im frühen 19. Jahrhundert: Polka, Walzer und ein Hüpftanz namens *Schottischer*. Aus diesen Wurzeln sprießen zwischen Houston und San Antonio Blüten, die auf der von Thomas Meinecke exzellent zusammengestellten Compilation „Texas Bohemia Vol. I – Polkas Waltzes Schottisches / The Texas Bohemian-Moravian-German Bands" (Trikont US-0201) zu finden sind." (siehe MERIAN, Text Winfrid Dulisch)

Und wer noch tiefer in die Musikmaterie eintauchen möchte, bekommt auch hier wieder:

Ziemlich viele Sachinformationen, aber trotzdem: GUT ZU WISSEN:

Von Polka bis ZZ Top

Meine Kenntnisse über texanische Musik bzw. ihre Musiker sind sehr gering, daher ein kleiner Exkurs via Internet-Recherche:

„Ein Pendant zur deutsch-böhmischen Polka-Nostalgie bilden die Einwohner mit spanischen und/oder mexikanischen Wurzeln – also jeder dritte Texaner. (...)

Mit *Deep In The Heart Of Texas* sind Bob Wills und seine Texas Playboys vertreten auf *Greetings From Texas* (Bear Family ACD 25011 AH). Mehr Texas auf einer CD ist kaum möglich, das Repertoire dieses Country-Samplers reicht von der *Yellow Rose Of Texas* eines Roy Rogers über *Texas Tornado* und *Texas Lullaby* bis hin zu *Texas In My Soul* von Willie Nelson.

Der Willie Nelson. Markenzeichen: lange weiße Haare, gebunden zu zwei Zöpfen. Und eine Gitarre, die der Sänger mit dem Outlaw-Image im Laufe von mehr als einem halben Jahrhundert schrottreif geschrammelt hat. Als Leitwolf wurde Nelson Anfang der 1970er Jahre von einer Reihe zorniger junger Barden anerkannt, die die Country-Hochburg Nashville (Tennessee) verließen, weil sie endlich singen wollten, wie ihnen der Schnabel gewachsen war. In der damals aufstrebenden Musikmetropole Austin fanden sie eine Atmosphäre vor, die an die kalifornische Flowerpower-Zeit erinnerte. (...)

Aus Houston kommt auch Billy Gibbons, Sänger und Gitarrist von ZZ Top. Diese als amtlich geltende *Lil' ol' blues band from Texas* lockt seit den 1970er Jahren große Massen in die Football-Stadien. Als Ausgangsmaterial für diese volle Dröhnung verwendet das Trio rüde Gitarren-Riffs, wie sie ursprünglich von texanischen Baumwollpflückern zur Feierabend-Unterhaltung gezupft wurden. Die Doppel-CD *The Very Best Of ZZ Top* (Warner Bros. 8122 78908-2) verbreitet bei bis zum Anschlag aufgedrehtem Volume-Regler eindrucksvoll die künstlerische Botschaft: Everything is bigger in Texas." (siehe: MERIAN, Text Winfried Dulisch)

BOOTS und HUT

Einige der ersten Souvenirs oder auch Accessoires, die wir aus Texas mitbrachten, waren diverse Hüte und auch Boots. Natürlich zeigten uns unsere Freunde einen der Läden, die für Country-und Westernoutfits bekannt sind. Beim „Sheplers" in Austin kann man Stunden verbringen, um sich

durch die unterschiedlichen Abteilungen zu probieren. Ob Hüte, Oberbekleidung, Jeans, Schmuck oder Stiefel, alles ist in reichhaltigem Sortiment verfügbar und verlockt zum Kauf. Zumindest den reiselustigen Ehemann und mich.

Daher muss es nicht verwundern, dass wir gepäckmäßig immer am Limit oder auch drüber waren. Je nach Airline wurden zwei Augen zugedrückt oder, was Stress bedeutete, nachdrücklich zum Umpacken aufgefordert. Rote Anhänger mit „Vorsicht, schwer!“ hatten unsere Koffer jedes Mal.

Dafür wurden wir aber im Laufe der Zeit stolze Besitzer von diversen Texas-Hüten und originalen Cowboystiefeln. Ein Paar sogenannte *Lacers*, Boots mit flachem Absatz, brachte ich mir zusätzlich mit.

Weiterhin finden sich typisch amerikanische Lederwesten, bunt gemusterte Hemden und *Bolo Ties* bei uns im Kleiderschrank.

Einem texanisches Bonmot zufolge werden Boots immer und überall getragen, zur Not auch im Bett. Dazu kann ich Ihnen mangels Erfahrung keine Auskunft geben, aber vielleicht testen Sie ja mal selbst... Einen Versuch ist es bestimmt wert.

Wie hat sich die Mode überhaupt entwickelt? Für unsere deutschen Maßstäbe sind die Stiefel eigentlich nicht praktisch, besonders im texanischen Sommer erscheinen sie viel zu warm und zum längeren Gehen eher ungeeignet. Nun ja, erstens sind die Texaner bis zum kleinen Zeh an Hitze gewöhnt.

Zweitens bieten Boots Schutz vor Schlangen- und Skorpionbissen. Drittens sind sie ein MUSS beim Reiten und viertens pflegen Texaner ausschließlich kurze Wege zu Fuß zu gehen – wenn überhaupt. Hier werden Pferde oder noch lieber Pferdestärken eingesetzt. Menschen, die sich per pedes fortbewegen, entpuppen sich bei genauerem Hinsehen meist als Touristen, gern belächelt von den Einheimischen.

Einige Sachinformationen, aber vielleicht: GUT ZU WISSEN:

Stiefel-Marken

Es gibt Cowboy-Stiefel-Marken für Herren und Western-Stiefel-Marken für Damen, die absolut führend im Stiefel-Segment sind.

Wer sich für die speziellen Details und Unterschiede in der Herstellung und Verarbeitung interessiert, dem sei u. a. die Website *Cowboystiefel-Westernstiefel.info* empfohlen.

Cowboy-Hüte

Seit der ersten Texasreise findet man in unserer Garderobe auch diverse Texas Hüte, die der reiselustige Ehemann bis heute im oft garstigen Weserberglandwinter trägt, um schütteres Haupthaar vor strengem Frost zu schützen.

Und auch mich begleitete die für hiesige Verhältnisse durchaus ungewöhnliche Kopfbedeckung in die Schule, zuerst kritisch beäugt, aber dann für cool befunden von der mehr oder weniger fachkundigen Schülerschaft.

Selbst auf der Hochzeit meines Bruders (ohne Kleiderordnung, sondern mit dem Appell: „Kommt so, wie ihr euch wohlfühlt!") erschienen wir in texanisch-cowboymäßigen Outfit.

Sollten Sie, liebe Leser, ebenfalls auf der Suche nach einem traditionellen Mitbringsel in Form einer Kopfbedeckung sein, gibt es an dieser Stelle wieder einmal

Einige Sachinformationen, aber vielleicht: GUT ZU WISSEN:

„Der Cowboyhut ist ein typisches Bekleidungsstück des nordamerikanischen Cowboys und hat seinen Ursprung in der mexikanischen Vaquero-Kultur. Mit der Besetzung der mexikanischen Staaten Texas (1836), Nuevo Mexico (1846), und Alta California (1846) durch die USA gelangte der Hut in die USA. (...) Der klassische Cowboyhut aus den USA ist der Stetson. Dieser wurde von John B. Stetson, dem Sohn eines Hutmachers aus Philadelphia, entwickelt und 1865 zum ersten Mal hergestellt.

Als Material wurde das Unterhaar der Biberfelle verwendet. Dieses Haar hat ausgezeichnete wasserabweisende Eigenschaften, ist leicht, hält warm und glänzt leicht, was dem Stetson seine seidige Oberflächentextur gibt. Allerdings ist Biberhaar ausgesprochen teuer, so dass ein echter Stetson heute bis zu 2000 Dollar kosten kann. Aus diesem Grund sind viele Stetsons heute – wie der australische Akubra – aus Kaninchenhaar gearbeitet. Jedoch werden auch billigere Stetsons von der Firma Stetson hergestellt.

Die typische Form ist der *Cattleman* mit breiter, seitlich leicht nach oben verlaufender Krempe, einem Hutband aus Rips oder Leder sowie den drei Einbuchtungen am Kopfteil.

Zum Namen *ten gallon* hat für den Cowboyhut gibt es verschiedenen Theorien. Eine besagt, er beruhe auf einem Missverständnis. Die Mexikaner bezeichneten den breitkrempigen Hut aus hochwertigen Materialien als *un sombrero tan galan*, „ein sehr galanter Hut". Ihre englischsprachigen Kollegen verstanden dies falsch und nannten den Hut *ten gallon hat*, einen Zehn-Gallonen-Hut." (siehe COWBOYHUT)

Quilting in Texas

Durch den ein oder anderen amerikanischen Film (z. B. „Magnolien aus Stahl", 1989 mit Julia Roberts, für den sie ihre erste Oscar-Nominierung erhielt) wurde ich überhaupt erst auf das Quilten aufmerksam. Ich bin selbst gern kreativ tätig und die Möglichkeiten, die das Quilten bietet, empfinde ich als unglaublich vielfältig. Um selbst einen Quilt herzustellen, fehlen mir allerdings das grundsätzliche Nähvermögen und auch die Ausdauer. Die gesamte Farbpalette, die unterschiedlichen Stoffe und Muster, dazu das feine Nähhandwerk jedoch haben mich immer erfreut und beeindruckt. Auch die persönlichen Möglichkeiten, z. B. zur Hochzeit einen Quilt in Größe einer Tagesdecke oder zum 18. Geburtstag eine Quilt mit den bisherigen Lebensstationen zu verschenken, gefallen mir. Diese Stücke werden zu besonderen Erinnerungsstücken, wenn man weiß und wertschätzen kann, wie viel Arbeit, Zeit und Mühe in so einem Unikat stecken.

Auch in Texas hat das Quilten eine lange Tradition. Doch was verbirgt sich hinter dem Begriff? Für alle, die in Textilarbeiten nicht ganz so auf dem Laufenden sind, hier

Einige Sachinformationen, aber vielleicht: GUT ZU WISSEN

Ein Quilt (englisch quilt „Steppdecke", „steppen") ist eine vielseitig verwendbare Zierdecke, die als Tagesdecke dienen kann, aber sich z. B. auch als Wandteppich eignet. Quilts werden auch als Alternativen zu Schlafsäcken im Outdoor- und Camping-Bereich genutzt, meist mit separatem Fußteil. Die Decke besteht aus mindestens zwei, in der Regel aus drei Lagen. Oben liegt die Schauseite, die Zwischenlage bildet ein wärmendes Vlies aus Wolle, Baumwolle, Seide oder Synthetik. Die Rückseite oder die Unterseite besteht zumeist aus einer Stoffbahn. Diese drei Lagen werden von Hand oder mit einer Nähmaschine dekorativ miteinander verbunden. Dieser Vorgang nennt sich Quilten. (siehe QUILT)

Wann immer uns die Gelegenheit geboten wurde, eine Quiltausstellung zu besuchen, haben wir sie genutzt. Ich schreibe in diesem Fall „wir“, da selbst der reiselustige Ehemann sich (aufgrund mangelnder Feinmotorik) nicht gelangweilt abwandte, sondern im Gegenteil diese handwerklichen Stücke stets begeistert und bewundernd anschaute.

Im Städtchen Bandera gibt es einen zauberhaften *Quilting-Laden* mit sehr freundlichen, auskunftswilligen Damen und im Örtchen La Grange nähe Schulenburg sogar das *Texas Quiltmuseum*, welches etliche sehenswerte Quilts für Sie bereithält (siehe Infos in meinen „Jahreszeiten“).

Ein besonderes Highlight, ohne dass wir bisher die Möglichkeit hatten, es zu besuchen, ist mit Sicherheit das *International Quilt Festival* in Houston.

„Über viele Jahre hinweg ist es das größte Patchwork Festival weltweit (wenn auch inzwischen vom Festival in Tokio überrundet) aber immer noch das „wichtigste“ Festival. Wer hier ausstellt und unterrichtet, hat es „geschafft“ …

Das International Quilt Festival findet unmittelbar nach dem International Quilt Market statt. Der *Market* ist eine reine Fachbesucher Messe. Das Festival ist öffentlich. Zusätzlich gibt es beim Festival den Preview Abend: Hier werden die preisgekrönten Arbeiten vorgestellt. Diese Veranstaltung kann separat gebucht werden. Zudem gibt es in Houston selber tolle Stoffgeschäfte (Joanne's, Hobby Lobby) und Quilt Shops, die alle einen Besuch wert sind.

Homepage www.quilts.com/quilt-festival-houston.html

Zeitpunkt: Das Festival findet immer am 1. Novemberwochenende statt.

Ort: George R. Brown Convention Center, Houston, Texas, USA

Unterkunft: Direkt neben dem Convention Center ist ein Hilton Hotel. Dieses Hotel hat einen direkten Übergang zur Halle.

Man kann sich auch gut ein Hotel in der Nähe suchen und mit dem Auto zur Halle fahren. Parkplätze sind gut zu finden und auch nicht zu teuer. (siehe Patchwork Gilde Deutschland e.V., Stand Mai 2017)

BONUS TRACK 3: TEXAS OUTDOOR

Hier geht's um die Beschreibung von Natur (Tier- und Pflanzenwelt), Strand(haus)impressionen und die texanische Flagge, die über allem weht.

Obwohl wir nun schon so häufig zu Besuch in Texas waren, kann ich natürlich nur über Stellen berichten, die wir gesehen haben. Wir kennen noch längst nicht alles. Die Landschaft ist so vielfältig, Texas vereint Gebirge und Meer, Prärie und sanftes Hügelland. Es wird also nicht langweilig, überall gibt es Neues zu entdecken und zu erkunden.

Tier- und Pflanzenwelt

Einige Sachinformationen, aber: GUT ZU WISSEN

„Im Westen liegen riesige Gebirge und tiefe Canyons, im Osten Plantagen und Nadelwälder. Im Norden des Landes erstrecken sich weitläufige Prärien, im Süden Strände am Golf von Mexiko, Tiefebenen und umfangreiche Zitrusfruchthaine. Entlang der südwestlichen Staatsgrenze erstreckt sich die mexikanische Wüste und im Norden grenzt Texas an die Staaten New Mexico, Oklahoma, Arkansas und Louisiana. Im Südosten grenzt es mit einer 1004 km langen Küste an die warmen Gewässer des Golfs von Mexiko. Da Texas am Schnittpunkt von vier geografischen Zonen des nordamerikanischen Kontinents liegt, hat es von Meeresküste bis Hochgebirge alles zu bieten. Texas bietet eine erstaunliche Landschaftsvielfalt, von bergigen Wüsten über hochgelegene, von Schluchten zerfurchten Ebenen bis zu fruchtbaren, welligen Hügellandschaften und der tropischen Golfküste, an der es Datteln und Bananen gibt." (siehe USA Tipps)

Der Big Bend Nationalpark, gelegen an einer Biegung des Rio Grande, erscheint auf den ersten Blick ein wenig unspektakulär. Doch der Schein trügt. Schon allein seine Größe beeindruckt; 320.000 Hektar umfasst das Gebiet. Die Landschaft ist teilweise tief zerklüftet, vulkanische Felsformationen sind zu bestaunen und bei besonderer Beobachtungsgabe entdeckt man vielleicht sogar Fossilien. Durch die unterschiedlichen Höhen kann man im Park verschiedene Temperaturzonen erleben, die sich natürlich auf Fauna und Flora auswirken. Je nachdem, wo Sie sich befinden, entdecken Sie am Fluss eine reiche Vielfalt an Vogelarten, z. B. Kolibris, Geier, aber auch Zaunkönige oder Drosseln. In der Wüste leben u. a. Kojoten, Füchse und der Großohr- bzw. Maultierhirsch. Und in der oberen Bergregion begegnen einem auch schon mal der Puma, der allerdings nachtaktiv ist und sogar Schwarzbären. Die Fauna beschränkt sich eher auf Wüstensträucher, Sukkulenten, Yuccapalmen und Zypressen sowie Douglastannen in den oberen Bergregionen. Beste Besuchszeit im Park sind der Winter oder frühe Frühling, dann herrschen erträgliche Temperaturen und Sie erleben, wie sich die Böden mit weißen Blumen bedecken. Für Botaniker und Wanderfreunde ein wirkliches Erlebnis!

Der Heart of Texas Wildlife Trail wurde 2003 fertiggestellt: Die Strecke, die sich vom Panhandle über Zentraltexas bis nach Laredo erstreckt, ist für Tier- und Naturliebhaber ein Eldorado an Artenvielfalt. Vorbild für den zentralen Heart of Texas Trail ist der Coastal Birding Trail: an der Ostküste Texas. Auf dieser Route kann vor allem die Vogelvielfalt am Golf von Mexiko bewundert werden.

Prairies and Pineywoods Trail: Die Strecken durch die texanische Natur bieten eine Anzahl unterschiedlicher wildlebender Tiere, Flora und Fauna sowie authentischer Farmen. Während und nach der Fahrt stehen dem Reisenden gemütliche Bed & Breakfast Unterkünfte zur Verfügung." (siehe USA Tipps) Und von wegen: Texas sei nur braunes verdorrtes Land: Da kann ich nur sagen: KLISCHEE!!

Natürlich sind nicht alle Pflanzen für den heißen texanischen Sommer, der recht lange dauert, geeignet. Aber farbig Blühendes findet man dennoch häufig und gerade die Monate März/April kommen mit üppigster Pracht daher. Teppiche mit leuchtend blau blühenden Bluebonnets verkünden den Frühling, dazwischen als strahlende Farbtupfer rote und intensiv gelbe

Blumen. Deren Namen weiß ich nicht, aber alles zusammen wirkt so wunderhübsch. Wie ein Gemälde von Monet. Wenn er denn blaue Lupinen statt weißer Seerosen gemalt hätte.

Und auch auf Vertreter unterschiedlicher Tierarten sind wir gestoßen. Da das Großstadtleben allerdings selten beste Lebensbedingungen liefert und für manches Tier dort sogar tödlich ist, findet man sie natürlich eher in den Nationalparks als in der Stadt oder in Shopping Malls. *Crocodile Dundee* wäre im Outlet Center ja auch fehl am Platze gewesen. Und dass ich mit Schlangen oder Skorpionen nicht direkt Bekanntschaft gemacht habe, darüber bin ich ganz glücklich. Und die Moskitos, die zeitweise „Hello" sirren wollen und ehrlich gesagt nicht nur das, möchte ich auch nur am Rande erwähnen. Während ich schon die ersten Stiche bejammerte, hatte der reiselustige Ehemann noch nicht mal einen gesehen und wunderte sich leicht grinsend.

Ich wünsche Ihnen, dass auch Sie nicht so anziehend wirken – auf Texasmücken!

Strand(-haus)impressionen

Sie kennen bestimmt den augenzwinkernden Spruch: „Meer geht immer!" Nun, ich glaube nicht, dass er für alle gilt, aber auf jeden Fall für mich. Seitdem unsere Familie zu meinen Grundschulzeiten in den Sommerferien regelmäßig ans Meer fuhr, wo der Strandkorb wartete, Sandburgen gebaut und „Quallenfarmen" angelegt wurden, ist Wasser mein bevorzugtes Element. Die Berge sind auch schön, sicher, aber um Ruhe, Frieden und Entspannung zu finden, bin ich an der See immer richtig. Das Meer ist meins, hier kann ich Tagträumen, den Wellen lauschen, den Möwen beim Jagen zusehen, Sand durch meine Finger rieseln lassen und dabei neue Pläne schmieden. Und ich liebe neue Pläne!

Von daher lag es nahe, während eines Texas-Urlaubs auch Richtung Küste zu fahren. Zeitlich bedingt gelangen uns natürlich nur Stippvisiten. Wir besuchten bisher Galveston, Beaumont (nahe der Küste des Golfs von Mexiko) und Corpus Christi. Diese Stadt war damals durch den Hurrikan Ike beschädigt worden. Diese Stürme sind wirklich ein Thema in Texas; die vor Ort lebenden Menschen sind sich natürlich der Gefahr bewusst und treffen in hohem Maße Vorkehrungen. Dennoch haben die vorwiegend aus Holz gebauten amerikanischen Häuser dieser gewaltigen Kraft der Natur selten etwas entgegen zu setzen.

Da es von Houston aus ans Meer für amerikanische Verhältnisse ein Katzensprung ist, führte uns unser Weg, so oft wir es möglich machen konnten, nach Galveston. Wie Sie ja bereits aus dem Kapitel SUMMER TIME GALVESTON wissen, liebt der reiselustige Ehemann die Fahrt über die Brücke und ich bin immer in freudiger Erwartung auf Sonne, Strand, Pelikane und Meer.

Sehr in den Bann gezogen haben mich allerdings die dortigen Häuser am Strand. Mehr als einmal lag ich dem reiselustigen Ehemann in den Ohren: „Oh schau mal, wie hübsch! So ein Haus möchte ich auch haben!! Es muss wundervoll sein, hier zu leben!!“ „Aber nicht in der Hurrikan Saison!“, gab er zu bedenken, war jedoch ansonsten ähnlich begeistert wie ich. Also stromerten wir durch unterschiedliche Viertel und fotografierten ein Traumhaus nach dem anderen. Farblich war die gesamte Palette der Pastellfarben zu bewundern, ob kühles Mint, dezentes Gelb, lichtes Blau oder hellstes Flieder. So unterschiedlich die Farben, so unterschiedlich vermutlich auch die Besitzer. Manche Häuser auf Stelzen, manche nicht. Manche mit Türmchen, manche nicht. Manche mit Meerblick, manche nicht.

Mein absolutes Haushighlight war ein türkisfarbenes Haus, Fenster und Türen weiß abgesetzt, direkt am Meer mit mehreren Etagen und – natürlich einem Türmchen! Dort oben zu sitzen, mit Blick auf den Ozean, dazu einem guten Buch und je nach Jahreszeit einem Tee oder Sekt, das muss himmlisch sein. Natürlich würde auch der reiselustige Ehemann ein Plätzchen finden. Freude zu teilen macht eben doppelt Spaß.

Als ich einer Freundin davon vorschwärmte per Smartphone, forderte sie spaßeshalber für sich selbst ein lichtgelbes. Zu ihrer Verblüffung genügte ein Click und ich konnte „liefern". Da machte sie dann doch schnell einen Rückzieher und wohnt bis heute in ihrem traumhaften Domizil am Berg.

Allerdings muss ich hier gestehen, dass es inzwischen auch für mich durchaus eine Alternative gibt. Das Galveston-Konkurrenzhäuschen steht in Waco, ist himmelblau-weiß und hat eine Frontveranda mit Platz für zwei Adirondecks. Es gehört wohl der *Heart of Waco-Gesellschaft*. An Waco hängt mein Herz inzwischen auch. Aber das ist wieder eine andere Geschichte …

Also lieber zurück zum Strandleben. Da fehlen noch ein paar Orte, die durchaus besuchenswert sind, auch für uns!

Einige Sachinformationen, aber: GUT ZU WISSEN

Amerikas dritte Küste – Strandurlaub in Texas. Nicht nur an Pazifik und Atlantik gibt es attraktive Orte mit Meerblick, sondern auch am Golf von Mexiko. Texas, da denkt man an Cowboys, an Westernromantik, aber kaum an Sandstrände. Dabei ist die „Texas Riviera" am Golf von Mexiko immerhin 560 Kilometer lang(...) Die Amerikaner sprechen daher gern von ihrer *Third Coast* – neben der des Atlantiks und des Pazifiks.

Mustang Island: Wer nach dem Ausflug in die viktorianische Vergangenheit nun etwas baden möchte, sollte von Galveston nach Süden zu den Barrier Islands fahren. Die 330 Kilometer entlang der Küste sind auf dem Highway TX 35, von dem aus die ein oder andere schöne Bucht zu sehen ist, schnell abgerollt.

In Aransas Pass an der Redfish Bay setzt man mit der Fähre nach Mustang Island über, zu jener Insel, die ihren Namen den Wildpferden verdankt, die sich hier einst auf dem Gras tummelten. An ihrem Nordzipfel liegt Port Aransas, von den Einheimischen nur knapp Port A genannt. Es ist ein kleiner, entspannter Ort mit schönen Stränden, die von amerikanischen Fast-Food-Ketten verschont blieben. Stattdessen gibt es zahllose kleine Geschäfte, Kneipen und kleine hölzerne Motels – kurzum, Port A ist der schönste

Badeort entlang der texanischen Küste. Es sei denn, es ist Spring Break: Wenn im März der Studienbetrieb an den US-Colleges und Hochschulen ruht, stürmen Studenten in Partystimmung auf die Insel. In den Hotels, die „Spring Breaker“ akzeptieren, kann es dann schon mal laut werden.

Doch meist beschränkt sich der Trubel auf den Strand, wo scharenweise junge Leute mit bulligen Geländewagen oder aufgemotzten Pick-ups hin und her flitzen oder Bier trinken oder beides gleichzeitig tun. Durchtrainierte Beach Boys und offenherzige Girls geben in diesen Tagen den Ton an.

Je verrückter, desto besser. Tabubrüche eingeschlossen ganz nach dem Motto „Just having a good time“. Verglichen mit dem Ausnahmezustand in der texanischen Spring-Break-Hochburg South Padre Island, 320 Kilometer weiter südlich, hält sich das Spektakel in Port A in Grenzen. Aber es reicht, Europäer zu verschrecken.

Südlich von Mustang Island schließt sich North Padre Island an, eine Insel mit extrem ruhiger Gangart, denn die Padre Island National Seashore hält ihre schützende Hand über Strandhafer und Priele. Das bedeutet viel Einsamkeit: keine Zäune, keine Häuser, kaum Autos.

Kurz hinter dem Besucherzentrum des Nationalparks in Malaquite Beach öffnet sich die weitläufige Dünenlandschaft mit breiten, weißen Stränden. Gelb und lila blüht es zwischen den Kakteen, unter denen die spitzblättrigen Spanischen Dolche besonders auffallen.

North Padre Island

In gebührender Entfernung von ihnen beziehen vereinzelte Camper mit Zelt und Boot Quartier. Dann endet der Highway, und es beginnt die paradiesische Sandwildnis von North Padre Island. Abgeschnitten von der Zivilisation und ohne jegliche Infrastruktur ist sie ökologisch noch weitestgehend intakt und heute der längste unentwickelte Küstenabschnitt der gesamten USA.

Dennoch gilt auch hier wie überall in Texas: Auto fahren am Strand ist erlaubt. Man muss allerdings über ein vierradgetriebenes Fahrzeug verfügen und beim Fahren besonders vorsichtig sein. Denn hier sind die wichtigsten Brutstätten der *Kemp's Ridley Sea Turtles*, der kleinsten Meeresschildkröten, die am Golf von Mexiko leben. Die mit ihrem fast kreisrunden Panzer leicht erkennbaren Tiere sind akut vom Aussterben bedroht, trotz des Einsatzes der National Park Rangers.

Sehr erholsam ist auch die Wattseite an der Laguna Madre. Die Salzmarschen sind ein Refugium vieler geschützter und vom Aussterben bedrohter Pflanzen- und Tierarten. Vor allem ein wahres Paradies für Vögel: Reiher, Pelikane oder Säbelschnäbler, ab und zu auch eine Eule. Mehr als 380 Vogelarten sind hier zu Hause. Zudem ist die extrem salzhaltige Laguna Madre ein besonders fischreiches Gewässer. Da kann es schon einmal passieren, dass nebeneinander Kraniche und menschliche Einzelgänger im Wasser stehen. Sie sind beide hinter den Fischen her. Die einen mit, die anderen ohne Gummihosen." (siehe WELT)

Der Lone Star State und die Flagge von Texas

Von Anfang an, das heißt also von meinem ersten Besuch an war die texanische Fahne für mich etwas Besonderes, nämlich das äußere Symbol für: „Hey, ich bin tatsächlich hier!!!“ Und auf allen weiteren Reisen blieb sie das: „Hey, ich bin tatsächlich wieder hier!!!“

Diese Begeisterung für Land, Leute und Flagge führte dazu, dass ich in Dallas auf der *Texas State Fair* 1996 einem Künstler begegnete, bei dem ich ein Aquarell mit eben jener von ihm gezeichneten Flagge erstand. Nachdem wir ins Gespräch kamen und ich ihm in holprigem und nicht wirklich akzentfreien Englisch meinen Enthusiasmus und meine Heimatgefühle für Texas beschrieb, mit leuchtenden Augen und einer speziellen Liebe im Herzen, machte er mir ein spezielles Geschenk: Eine spezielle Widmung auf der Rückseite der erstandenen Zeichnung.

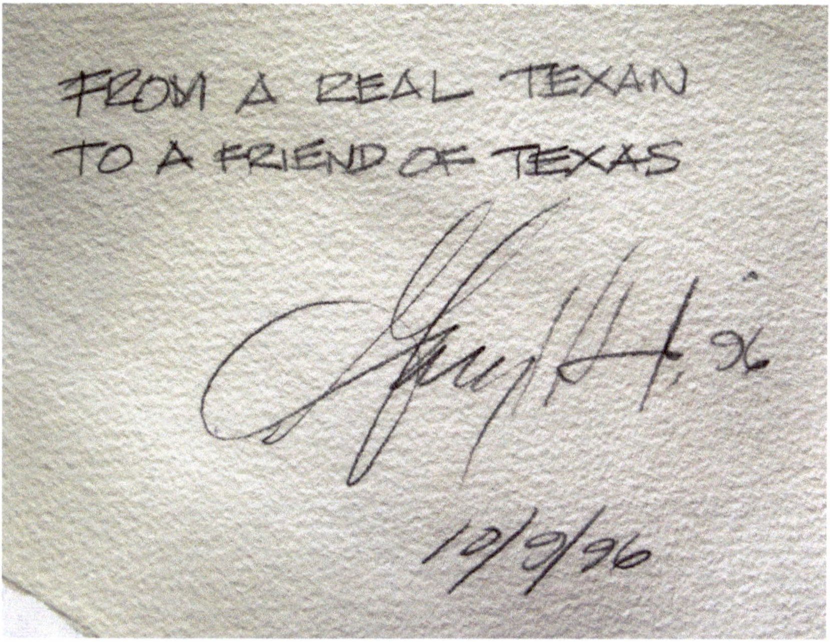

Er signierte sein Werk und es hängt bis heute bei uns an der Wand.

Einige Sachinformationen, aber trotzdem: GUT ZU WISSEN

Der sogenannte *Lone Star State* ist ein besonders in den USA oft benutzter Beiname von Texas. Übersetzt heißt das *Staat des einsamen Sterns* und wurzelt in dem Aussehen der Flagge von Texas. Diese nämlich zeigt nur einen einzigen Stern in Weiß auf blauem Grund.

Die heutige Texas-Flagge wurde etwa 1839 eingeführt – also sechs Jahre vor dem Beitritt der Union im Jahre 1845 (siehe auch Texas-Geschichte). Schon die Farben sind äußerst charakteristisch für den Staat im Süden der USA. Sie wurden der *Stars and Stripes*, also der amerikanischen Flagge entnommen und durch eine spezielle Anordnung sowie den alleine stehenden Stern auf der linken Seite ergänzt. Das Blau in der Flagge von Texas steht für

Loyalität, das Weiß für Reinheit und das Rot für die Tapferkeit, die die Cowboys im Wilden Westen aufbringen mussten.

Schon vor dieser Flagge war der Stern für Texas stehend. Damals – noch als Republik – führte die sogenannte *Burnet Flag* von 1836 bis 1839 einen einzelnen Stern auf blauem Grund. Dieser ist bis heute geblieben." (siehe USA Info)

„Seinen Namen hat Texas übrigens von einem Wort der Indianer, welches 'teysha' heißt. Die Bedeutung ist 'Hallo Freunde'. Forscher und Kolonisten verwendeten dieses Wort um sich auf die freundlichen Stämme in Louisiana, Oklahoma und Texas zu beziehen." (www.nationalflaggen.de)

BONUS TRACK 4: TEXAS SPECIALTIES

Hier geht's um Informationen über die Raumfahrt (NASA), Nationalsportarten (Football, Baseball und Basketball/ Dirk Nowitzki) und die 3 R's (Rodeo, Rinder, Ranches).

Raumfahrt

„Houston, wir haben ein Problem." Wer kennt ihn nicht, diesen berühmten Satz der Crew von Apollo 13. Und auch wenn er eventuell nicht korrekt übersetzt worden ist, so zeigt er doch, dass trotz aller Sorgfalt und genauester Planung die Raumfahrt ihre Risiken haben kann. Apollo 13 hatte das Problem gemeistert, wenn auch die geplante Mondlandung abgebrochen werden musste und landete sicher wieder auf der Erde. Leider ging für einige wenige der Astronauten und Astronautinnen, alle perfekt vorbereitet für ihren Start ins All, die Mission tödlich aus. Damit wurden sie zu Volkshelden, die bereit waren, ihr Leben für den Fortschritt und letztlich für das amerikanische Volk zu geben.

Selbst ich, noch im Grundschulalter, verfolgte am 21. Juli 1969 die erste Mondlandung. „Ein kleiner Schritt für einen Menschen, aber ein großer Sprung für die Menschheit" – auch dieser legendäre Satz prägte sich bei mir ein. Ich verstand natürlich nichts von der Materie, aber die Atmosphäre, dieses Besondere der Aktion, das spürte ich sehr deutlich. Es schien ein irgendwie erhabener Moment und ich kann mich noch gut daran erinnern, wie ich im Bademantel gebannt vor dem kleinen Fernseher meiner Großeltern saß und mitfieberte, ohne die Dimension zu verstehen.

Ich war so beeindruckt, dass ich mir mein kleines Oktavheft holte und in meiner Kinderschrift diese Geschehnisse schriftlich festhielt. Und erinnere mich noch bis heute, wie ich versuchte, dieses für mich emotionale Erlebnis so genau wie möglich zu beschreiben, um es mir auf diese Weise zu bewahren.

Wenn Sie nun vermuten, liebe Leser, dass sich mein Interesse für die amerikanische Raumfahrt fortgesetzt hätte, muss ich Sie enttäuschen. Natürlich bekam ich die eine oder andere Aktion durch die Nachrichtensendungen mit, aber mein Fokus hatte sich verschoben. Die Gymnasialzeit stand an und Amerika war weit weg.

Dennoch stimmte ich sofort zu, als der reiselustige Ehemann vom Besuch des Lyndon B. Johnson Space Centers in Houston sprach. Er interessiert sich mehr für Technik und natürlich wollte ich ihn begleiten. Dass ich die Mondlandungsgeschichte vor allem emotional abgespeichert hatte, merkte ich erst, als wir den ganzen Tag im Lyndon B. Johnson Space Center verbrachten und ich nicht müde wurde, mir die zahlreichen Ausstellungsstücke anzuschauen (Wann sieht man schon mal eine Saturn V Rakete, liegend wie der große Buddha in Bangkok, in ihren realen riesigen Ausmaßen?) Ich war tief beeindruckt von Raketen und Raumkapseln, Shuttles und Mondfahrzeugen.

Das Center mit seinen Möglichkeiten sprach mich aber nicht vorrangig über die viele Technik und die interaktiven Möglichkeiten an. Nein, es waren und sind bis heute die Geschichten der Menschen, die mich faszinieren. Hier kann ich andocken, mich in ihre Gefühlswelt hineinversetzen und interessiert Anteil nehmen. Hier will ich das WIE oder WARUM wissen, ihre Beweggründe, ihre Motivation. Das finde ich spannend, so wie damals die Bücher über die Abenteuer meiner Kindheitshelden.

Um aber Ihnen, lieber Leser, eine Rundumsicht zu verschaffen, gibt es jetzt noch einen kleinen Einblick, wie sich das Center entwickelt hat und welche Attraktionen es bietet. Per Mausklick bekommt man übrigens auf der Besucherseite des Centers eine Karte/Reiseführer auch auf Deutsch.

Einige Sachinformationen, aber trotzdem: GUT ZU WISSEN

Lyndon B. Johnson Space Center

„Das Lyndon B. Johnson Space Center (JSC) koordiniert seit 1961 das bemannte Raumfahrtprogramm der USA. Es befindet sich in Houston (Texas) und ist eine Einrichtung der NASA. (...) Heute werden vom Mission Control Center aus die Flüge zur Internationalen Raumstation überwacht. Außerdem befindet sich am JSC das Ausbildungszentrum der US-Astronauten. Insgesamt werden auf dem 655 Hektar großen Areal mehr als 14.000 Mitarbeiter beschäftigt. Als US-Präsident John F. Kennedy im Mai 1961 das nationale Ziel ausgab, innerhalb eines Jahrzehnts einen Menschen zum Mond zu schicken und wieder sicher zurück zur Erde zu bringen, suchte die NASA nach einem Standort für ein neues Zentrum. Es sollte das Apollo-Programm der Raumfahrtbehörde bündeln und koordinieren. (...)

Das Parsons-Team favorisierte (...) das neue NASA-Zentrum in Houston und wurde vom Direktor Webb am 19. September 1961 bekanntgegeben. (...) Houston war über die Entscheidung der NASA, ihr neues Zentrum in der texanischen Metropole anzusiedeln, so begeistert, dass örtliche Firmen in kürzester Zeit und unentgeltlich die Räume in Büros umwandelten. Einige Stewardessen von Continental Airlines wurden sogar als Empfangsdamen ausgeliehen." (Siehe LYNDON B. JOHNSON SPACE CENTER)

Mit mehr als 400 Attraktionen erweckt das Space Center Houston die umfassende Geschichte und die leuchtende Zukunft der Weltraumforschung zum Leben.

Ein Blick hinter die Kulissen

Die NASA Tram Tour ist ein Muss, da sie die einzige Möglichkeit für Besucher darstellt, das Johnson Space Center zu besichtigen. Als beliebteste Attraktion des Centers ist die Tour im Eintrittspreis inbegriffen und führt die Gäste zur riesigen Saturn-V-Rakete im Rocket Park und auch durch den restlichen 650 ha großen Campus. Bei der Level 9 VIP-Tour, einer fünfstündigen Tour durch die Historic Mission Control, die International

Space Station Mission Control und zum Trainingszentrum der Astronauten, erhalten Sie noch bessere Einblicke in die Abläufe hinter den Kulissen dieses einzigartigen Arbeitsplatzes.

Die im Eintrittspreis inbegriffene *NASA Tram Tour* gewährt besondere Einblicke. (...) Am 17. Februar 1973 erhielt das MSC zu Ehren des ehemaligen US-Präsidenten Lyndon B. Johnson seinen heutigen Namen." (siehe Visit the USA)

Aktuell stand jedoch laut Artikel unserer hiesigen Tageszeitung „Das Rennen ist eröffnet" (DEWEZET vom 01.12.2018) nicht unbedingt der Mond, sondern eher der Mars im Fokus der US -Raumfahrtbehörde. Nun hat – auch aufgrund der Anweisung des US-Präsidenten Donald Trump – der Mond wieder an Wichtigkeit zugenommen. 2021 will die Nasa unbemannt dahin zurückkehren (...) und 2024 soll das Nasa-Raumschiff „Gateway" mit Astronauten an Bord folgen. Dem möchte der Raumfahrtunternehmer Elon Musk zuvorkommen: Mit seinem Unternehmen SpaceX will er schon 2023 den japanischen Milliardär Yusaku Maezawa ins All schicken. Als erster Weltraumtourist soll er den Mond umrunden, gemeinsam mit Künstlern aus aller Welt.

Nun, wir werden sehen …

Sport

Der Sport ist eins der großen Themen in den USA und natürlich auch in Texas. American Football, Baseball, Basketball und Eishockey sind führenden Sportarten, nicht zu vergessen der Tennissport. Auch Wintersport steht hoch im Kurs, ebenso Leichtathletik sowie Schwimmen/Wassersport in den Sommermonaten.

Vielen Universitäten und Colleges ist es wichtig, dass ihre Studenten sportlich unterwegs sind; manchmal werden extra aufgrund von herausragenden sportlichen Erfolgen Stipendien vergeben. Gerne werden Wettkämpfe veranstaltet, man liebt es, zu konkurrieren. Erreichte Siege machen stolz, Pokale und Auszeichnungen werden gebührend gewürdigt, anschließend gefeiert und präsentiert. Nicht umsonst erringen die US-Sportler bei Olympischen Spielen u.ä. oft die meisten Medaillen.

Alles findet mit viel Pomp, Glimmer und Glitter statt. Dafür und für eine tolle Show sorgen häufig die hübschen und gelenkigen Cheerleaders, zum Teil hochkarätige Stars singen und performen in den Pausen und Hand aufs Herz, die Nationalhymne darf nie fehlen.

In meinen kühnsten Jungmädchenträumen hätte ich manchmal auch gern in einer Cheerleadergruppe mitgetanzt, aber in Deutschland waren solche Truppen ziemlich unbekannt. So machte ich zwar Abiturprüfung auch in Sport, dank jahrelanger Volleyball-Spielpraxis im Verein und etlichen Stunden auf dem Tennisplatz ein recht gutes und wurde mit meiner Schulmannschaft bei *Jugend trainiert für Olympia* tatsächlich Vizemeister. Ballspiele lagen mir einfach mehr als die Bundesjugendspiele, wo es immer nur zu einer Teilnahmeurkunde reichte.

Auch eine Bowlingkugel ist im weitesten Sinne ein Ball, also lieferte ich auf der heimischen Bowlingbahn in einer Saison das beste Spiel der Damen ab (die kleine Schieferplatte als Anerkennung habe ich als Beweis aufbewahrt) und gewann mit meinem Team dadurch leicht spektakulär auch die interne Hausliga. Das war's dann auch mit sportlichen Erfolgen.

Der reiselustige Ehemann kann ja wenigstens eine Schwimmlehrerkarriere im Camp vorweisen und Taekwondo Prüfungen hat er auch abgelegt. Da hätte ich mit blausilberglänzenden Cheerleaderpuscheln und gelenkig gern Eindruck gemacht, aber es hat nicht sollen sein.

Um Ihnen, liebe Leser, den Sport in Texas generell etwas näher zu bringen, hier mal wieder ...

Einige Sachinformationen, aber trotzdem: GUT ZU WISSEN

Texas ist die Heimat unterschiedlicher Sportmannschaften in den fünf großen Sportligen des Landes:

- die NBA (National Basketball League)
- die NFL (National Football League)
- die MLB (Major League Baseball)
- die NHL (National Hockey League)
- die MLS (Major League Soccer)

Spiele aller Ligen haben wir noch nicht besuchen können, bisher nur die NBA und die MLB, aber was nicht ist, kann ja noch werden. Die Basketballteams der San Antonio Spurs, Houston Rockets und der Dallas Mavericks um Superstar Dirk Nowitzki spielen allesamt in der National Basketball League (NBA). Als wir im Sommer 2011 wieder einmal Texas besuchten, diesmal mit Bruder, Schwägerin und Neffen im Schlepptau, war Neffes großer Wunsch, Dallas anzusteuern, weil: „ Hey, da spielt Dirk Nowitzki, das German Wunderkind! Da MÜSSEN wir hin!!!“ Es waren halt Sommerferien, daher leider Spielpause und der Starspieler mit Sicherheit auch im wohlverdienten Urlaub.

Nichtdestotrotz stürmten wir das *American Airlines Center* in der Hoffnung, einen Blick in die heiligen Hallen zu erhaschen. Aber auch hier hatten wir kein Glück, doch wenigstens war der gutbestückte Souvenirshop geöffnet. NATÜRLICH nahm jeder von uns etwas mit nach Hause: ein T-Shirt mit Nowitzki-Schriftzug. Seitdem wird mit Rückennummer 41 trainiert und es macht sich bemerkbar … wir sind alle viiiel sportlicher geworden, zwinker!

Der „Germanator“ Nowitzki wird allerdings auf hoffnungsvolle junge deutsche Basketball-Unterstützung verzichten müssen. Trotz Gardemaß von über 2 Metern entschied Neffe sich nach der Reise für eine Keeperkarriere beim Handball. Denn auch hier sind „lange Kerls“ im Tor von Vorteil!

Vom Basketball und der unglaublich energiereichen Atmosphäre in der Arena ebenfalls infiziert, ließen wir es uns auf einer weiteren Reise nicht nehmen, ein bisschen Stadionluft zu schnuppern. In San Antonio spielten die dort beheimateten San Antonio Spurs gegen die New Orleans Hornets. Die Spurs gewannen im Jahr 2014 zum 5. Mal die NBA-Meisterschaft.

Wir hatten besonderes Glück und erlebten ein punktereiches Spiel, welches am Ende die Spurs unter größtem Jubel der Fangemeinde mit 106:102 für sich entscheiden konnten. Wir jubelten mit, ließen uns von der positiv aufgeheizten Stimmung mitreißen und inspirieren, hielten unsere erste „Pressekonferenz", das heißt, taten so als ob und ließen uns von den akrobatisch-rhythmischen Tanzanimation der hübschen Cheerleaderinnen begeistern, stilgerecht mit großer Coke und Popcorn. Letzteres allerdings salzig. Nachdem wir den ersten Schock ob des ungewohnten Geschmacks überwunden hatten, schmeckte es großartig!

„American Football genießt in Texas ebenfalls einen sehr hohen Stellenwert. Mit den Dallas Cowboys und den Houston Texans sind zwei Teams in der National Football League (NFL) beheimatet.“ (siehe AMERICAN FOOTBALL) Nicht umsonst ist der SUPER BOWL ein Megaevent in ganz Amerika und wird auch als solches zelebriert.

„2019 fand er in Atlanta statt. Im Kampf um die Meisterschaft standen sich die besten Teams aus den Ligen American Football Conference und National Football Conference gegenüber.
Kontrahenten in diesem Jahr war das erfahrene AFC-Team der New England Patriots um Quarterback Tom Brady (Superstar der Szene und Ehemann des Topmodels Gisele Bündchen) und dem NFC-Champion-Team der Los Angeles Rams um den blutjungen 24-jährigen Quarterback Jared Goff. In diesem Jahr siegte Erfahrung deutlich vor Jugend und Tom Brady geht damit als erster Footballprofi mit 6 Titeln in die Geschichte ein.
Aber nicht nur das Spiel an sich, sondern auch die Halbzeitshow wird zur großen, vielleicht zur größten Bühne für Stars, die sich dort die Ehre geben, Paul McCartney, Prince, Michael Jackson und Lady Gaga, um nur einige zu nennen. Und da Sport hungrig macht, wurden wohl wieder rund 1,3 Milliarden Chicken Wings (Hähnchenflügel) und auch Pizza en masse verzehrt. Das Bier dazu fließt in Strömen, es wird teuer bezahlt wie auch allein nur die Eintrittskarte. Hier kann man zwischen 1000 und 6000 Dollar bezahlen. Regulär!
Der Preis für die Sieger ist eine gut 3 Kilogramm schwere Trophäe, einen stilisierten Football, der jährlich neu aus Sterlingsilber gefertigt wird und einen Wert von ca. 46.000 Euro hat. Die Spieler erhalten je einen Championship-Ring und je eine Prämie von 118.000 Dollar.“ (siehe DEWEZET, 01.02.2019)

Auch in Deutschland hat der Super Bowl inzwischen riesige Fangemeinden, die sich das Finale gut gerüstet mit Chips, Salsa und Bier nicht entgehen lassen. Da es grundsätzlich Sonntag Nacht ausgetragen wird, gestaltet sich bei vielen der Montag eher blau. Nein, nein, nicht, was Sie jetzt vielleicht denken … Es wird ein Urlaubstag genommen.

Und wenn ich meinen Schuldienst beendet habe, werde ich mir dieses Vergnügen auch wenigstens einmal gönnen, wahrscheinlich zwar nur am heimischen Fernseher. Aber mit Begeisterung. Tom Brady fast live zu erleben, das wäre schon ein Traum! Dafür muss das Team aber erneut bis ins Finale vorstoßen. Auch hier kann ich wieder nur sagen: „Wir werden sehen …"

„In der Major League Baseball (MLB) gehen mit den Houston Astros und den Texas Rangers ebenfalls zwei in Texas beheimatete Teams an den Start." (siehe TEXAS)

Interessiert an einer echten amerikanischen Erfahrung machte sich der reiselustige Ehemann in St. Louis auf, ein Baseballspiel anzuschauen. Leider musste er während der Partie St. Louis Cardinals gegen das Team der Philadelphia Phillies erkennen, dass er trotz vierstündiger geduldiger und hochbemühter Anstrengungen die Baseball-Regeln nicht wirklich begriffen hat. Vielleicht bedarf es dafür tatsächlich amerikanischer Muttermilch?

„Die Dallas Stars spielen in der National Hockey League (NHL). Und auch Fußball erfährt in Texas stetig wachsende Begeisterung. Die Houston Dynamo und der FC Dallas spielen in der höchsten Fußballliga, der Major League Soccer (MLS)." (siehe TEXAS)

Eine weitere Sportart, die ich den 3 „R's" (Rodeos, Rinder, Ranches) zugeordnet habe, ist das

Rodeo in Texas

Der Lone Star State steht im Zeichen des Rodeo. Texas ist die wahre Heimat der Cowboys. Dies beweist die alljährliche Rodeo-Saison, die sich auf alle Regionen des Staates erstreckt und zahlreiche Besucher aus der ganzen Welt anlockt. Kein Urlauber sollte dieses typische Western-Erlebnis verpassen. Besonders in der Hauptsaison von Januar bis März dreht sich im Lone Star State alles um Pferde, Bullen und Cowboys.

Einige Sachinformationen, aber trotzdem: GUT ZU WISSEN

„In den unterschiedlichen Wettkämpfen im Pferde- und Bullenreiten oder in Lasso-Wettbewerben treten die Besten der Besten gegeneinander an und locken Besucher aus der ganzen Welt an. Was ursprünglich als kleiner Wettbewerb zwischen Cowboys begann, ist heutzutage ein umkämpfter Turniersport mit Preisgeldern in Millionenhöhe. Bei den Rodeos muss sich der Reiter acht Sekunden auf dem Tier halten, ohne das Tier oder sich mit seiner freien Hand zu berühren, und wird dabei bewertet." (siehe USA Reisetraum)

„Rodeo ist eine traditionelle aus Brasilien stammende Sportart, die große Verbreitung auf dem nordamerikanischen Kontinent gefunden hat. Das Wort stammt vom spanischen/portugiesischen *rodear* ab, was so viel wie „umrunden" bedeutet. Bei Rodeo-Reitsportturnieren gibt es verschiedene Disziplinen, die in Timed Events (Zeit-Disziplinen) und in Roughstock Events (Punkte-Disziplinen) unterteilt sind. Bei den Timed Events reiten die Wettkampfteilnehmer um die schnellste Zeit, während bei den Roughstock Events um die höchste Punktzahl geritten wird. Der Reiter muss sich acht Sekunden auf dem Tier halten, ohne das Tier, sich oder seine Ausrüstung mit seiner freien Hand zu berühren. In diesen acht Sekunden wird der Reitstil des Reiters und der Schwierigkeitsgrad des Tieres von zwei Judges (Preisrichtern) bewertet. In den USA und Kanada werden zahlreiche Rodeos durchgeführt. (...)

In Deutschland gibt es inzwischen auch an amerikanisches Rodeo angelehnte Wettbewerbe. Bei deutschen Rodeo-Reitsportturnieren werden allerdings nicht alle Disziplinen des amerikanischen Vorbildes durchgeführt und einzelne Disziplinen sind aus Tierschutzgründen abgeändert.

Folgende Disziplinen werden in Deutschland durchgeführt: Timed Events: *Barrel Race* (Tonnenrennen), *Pole Bending* (Stangenrennen/Slalom), *Rescue Race* (Rettungsrennen) und *Break Away Calf Roping* (Kälberfangen). *Roughstock Events*: *Bareback Riding* (Reiten von Wildpferden ohne Sattel), *Saddle Bronc Riding* (Reiten von Wildpferden mit Sattel) und *Bull Riding* (Bullenreiten).

Viele Disziplinen sind auf traditionelle Arbeiten eines Cowboys zurückzuführen, beispielsweise das Einreiten eines wilden Pferdes oder das Einfangen von Rindern." (siehe TEXAS)

Ja, Rodeo, Ranches und Rinder gehören nach Texas wie Oktoberfest, Weißwurst und Hofbräuhaus nach München.

Ein Rodeo, egal ob klein oder großes Event, übt auf mich einen unwiderstehlichen Reiz aus. Ich bin immer beeindruckt von der Schnelligkeit und Körperbeherrschung der Cowboys, von gezielten Lassowürfen und vom Mut der Reiter, die es mit angsteinflößenden wütenden Bullen zu tun haben.

Und auch die Ladys, die beim Barrel Racing in beachtlichem Tempo um die Fässer reiten, um möglichst als Erste ins Ziel zu kommen, finde ich faszinierend. Die wehenden Haare, oft rosafarbene Texashüte (cool!) und eine geniale Reittechnik sind ein Augenschmaus und spannend ist es sowieso – allein die Atmosphäre. Selbst die Kleinsten machen schon mit und versuchen ihr Glück. Manchmal stelle ich mir währenddessen vor, wie verlockend es wäre, es selbst einmal auszuprobieren. Leider kann ich nicht reiten und deshalb wird es vermutlich schon aus „Sicherheitsgründen" beim Zuschauen bleiben. Aber als „Zuschauer-Cowgirl" genieße ich jede Minute meiner Wildwestromantik, fiebere mit und drücke die Daumen! Es ist herrlich! Es ist Freiheit!! Ich liebe es!!!

Ein kleiner Tipp am Rande: Sollten Sie in den Genuss einer Rodeo-Veranstaltung kommen, titulieren Sie sie nie als „Ro**DE**o". Es gibt zwar den berühmten Ro**DE**o Drive, wo die 2. Silbe betont wird, aber der befindet sich in Los Angeles/Kalifornien und ist eine durch den Film PRETTY WOMAN berühmt gewordene Shopping Meile der Schönen und Reichen.

Wir aber sind in Texas! Und hier liegt die Betonung liegt auf der 1. Silbe, hier heißt es **RO**deo. Also artikulieren Sie bitte korrekt. In dieser Hinsicht verstehen Texaner keinen Spaß; Sie werden bestenfalls links liegen gelassen und ignoriert. Auf jeden Fall rücken Sie damit in Nullkommanichts in die Nähe einer Persona non grata. Wer will das schon? Zum Vergleich: Der FC Schalke 04 war damals samt vieler Fußballfans auch nicht glücklich, plötzlich als Schalke 05 anmoderiert zu werden. Daher: Vorsicht!

Rinder und Ranches

Durch die Rinderzucht in Texas findet man natürlich auch etliche Ranches dort. Als Texas 1836 seine Unabhängigkeit durchsetzte, blieben etliche der von Mexikanern bewirtschafteten Rinderfarmen zurück, die von Texanern übernommen wurden. Texas ist inzwischen der größte Rindfleischproduzent in den USA und auch auf die Gefahr hin, mich zu wiederholen: Texanische Rindersteaks sind für mich „the one and only“, also einfach köstlich.

Es gibt die sogenannten LONGHORNS, Rinder mit Hörnern, deren Spanne bis zu 2 m betragen können und je nach Geschlecht von ca. 400-900 kg wiegen.

Die SHORTHORNS, wie der Name schon sagt, haben – klar – entsprechend kurze Hörner.

GREENHORNS findet man auch, aber das ist eine andere Geschichte …

Leider hat es sich für uns bisher noch nie ergeben, einen Urlaub auf einer der Ranches in Texas zu verbringen. Wenn ich auch oft damit geliebäugelt habe, war ich doch erstens immer verunsichert, ob es wirklich Sinn macht ohne Reitkenntnisse. Und habe mich bisher immer dagegen entschieden.

Zweitens: Ich finde, man braucht ein bisschen Zeit, um wirklich einzutauchen in das Leben auf einer Ranch und sei es nur im Urlaub. Und diese Zeit hatte ich in der Vergangenheit nicht.

Aber es kennenzulernen, steht eindeutig auf meinem Wunschzettel als Ziel. Vielleicht komme ich danach sogar aus eigener Kraft aufs Pferd. Hätte ja was. Yippie yippie yeh!

Daher möchte ich Ihnen ein paar Ranches vorstellen, denn wenn sich bei Ihnen der Wunsch nach einem mehr oder weniger romantischen Cowboy auf Zeit – Urlaub mit Lagerfeuer und Barbecue einstellt, sollten Sie nicht warten, bis ich allein aufs Pferd steigen kann, um dann davon zu berichten.

Wenn Ihnen der Sinn danach steht, dann nichts wie los. Leben Sie Ihren Traum! Fragen Sie nicht nach dem „WIE"!

Träumen Sie davon und lassen Sie sich überraschen. Alles ist möglich …!

Während der Recherche zu diesem Buch bin ich auf Ranches mit unterschiedlichen Konzepten gestoßen. Je nachdem, ob Sie nur faulenzen oder im realen Alltag der Cowboys mit anpacken wollen, gibt es für jeden Geschmack etwas.

Einige der bekanntesten sind sicherlich die *Dixie Dude Ranch*, die *Mayan Dude Ranch*, die *Valley View Ranch* nahe Bandera. Ebenso die *King Ranch* mit ihren riesigen Ausmaßen. Sie alle hier aufzuzählen würde den Rahmen sprengen, also machen Sie sich selbst per Internet auf die Suche nach Ihrem bevorzugten Urlaubsort. Möglichkeiten und Angebote gibt es genug!

Übrigens, nachdem ich per Internet selbst eingetaucht bin in die vielfältigen Optionen der einzelnen Gäste-Ranches, weiß ich nun, dass auch Reitanfänger willkommen sind. Je nach Abenteuerlust kann man es vor Ort lernen und Reitkurse belegen, den Umgang mit dem Lasso lernen, sich im Whirlpool entspannen oder Tennis spielen. Wem das alles zu anstrengend ist, der legt sich in die Hängematte und chillt bei Country Musik.

Ich bin jedenfalls inzwischen fest entschlossen, einen Ranchurlaub auszuprobieren. Sollten wir uns dort durch Zufall treffen und womöglich hochbegeistert in den Sonnenuntergang reiten, spendiere ich Ihnen anschließend einen Drink. Versprochen!

ALL THAT GLITTERS, IS NOT GOLD

In diesem Kapital werfe ich einen kritischen Blick auf Amerika inklusive Texas, wie sich das Land in 25 Reisejahren verändert hat und durch unterschiedliche politische Zeiten/Präsidenten geprägt wurde.

Um es gleich vorweg zu schicken: Ich bin weder eine Journalistin, die etwas anprangern will, noch möchte ich allzu große Kritik an meinem Lieblingsland äußern. Ich war oft Gast in inzwischen bestimmt 25 Bundesstaaten der USA und werde es sicher auch in Zukunft sein. Daher mag ich mir Kritik nicht anmaßen. Vor allem, weil es ungerecht wäre den Amerikanern gegenüber, denen ich dort begegnet bin. In den 25 Jahren bin ich auf durchweg ausgesprochen freundliche Mitmenschen gestoßen.

Standen wir etwas verloren an einer Straßenecke und wussten die Richtung nicht, blieben hilfsbereite Amerikaner stehen und forschten für uns nach dem richtigen Weg. Brauchten wir Tipps, wurde uns bereitwillig Auskunft gegeben. Die Zeit für ein kleines Schwätzchen an der Kasse wurde sich oft genommen, da man uns ja eindeutig als Nichtmuttersprachler entlarven konnte. Niemand murrte hinter uns in der Schlange, wenn wir auf Anhieb die Fragen nach Bezahlkarten oder Coupons nicht immer schnell beantworten konnten und es deshalb länger dauerte.

Die Freundlichkeit der Angestellten in den Geschäften und Hotels habe ich mir nach einem Aufenthalt in Amerika oft auch für Deutschland gewünscht. Allerdings finde ich, dass wir inzwischen glücklicherweise etwas aufgeholt haben.

Ich schildere meine Eindrücke also als eine das Land liebende Touristin.

Wie ich ja in meiner Geschichte immer wieder betont habe, waren die Vereinigten Staaten von Amerika der Inbegriff von Freiheit für mich. Bis wir den 11. September 2001 erleben mussten. Die Erschütterung, die durch das Land ging, ist - finde ich - bis heute spürbar. Eine deutliche Zäsur. Jener Tag brachte eine Wende in Amerika wie ich sie nie für möglich gehalten hätte. Die Einreise damals wurde selbst für uns, die wir aus Deutschland kamen und die USA wie eine zweite Heimat betrachteten, zur Nervenprobe.

Es wurde mir besonders unbehaglich, als plötzlich Fingerabdrücke von uns genommen wurden und ein Augenscan obligatorisch durchgeführt. So etwas kannte ich bis dato nicht. Niemand nahm in Deutschland Fingerabdrücke, außer man wurde kriminell und kam bei der Polizei in die Straftäterkartei. Plötzlich fühlte ich mich wie eine Verbrecherin, so unter Generalverdacht, dabei war ich eine unbescholtene deutsche Beamtin, die sich auf ihr favorisiertes Urlaubsland freute.

Und ich will nicht verschweigen, dass ich damals ernsthaft überlegte, nicht mehr in USA zu reisen. Ich mochte mich nicht als Kriminelle behandeln lassen. Nur meine Liebe zu Texas ließ mich davon absehen. Und der Kontakt zu unseren texanischen Freunden, an denen uns viel gelegen ist.

Das unangenehme Gefühl bei der Einreise ist bis heute geblieben, aber anschließend freuen wir uns auf das, was Amerika immer für uns ausgemacht hat: Das Land der oft immer noch unbegrenzten Möglichkeiten. Das Land der Vielfältigkeit. Das Land der vielen Facetten.

Natürlich hat sich begleitend durch die Globalisierung viel verändert. Zusätzlich steuern die digitalen Medien ihren Teil dazu bei. Nicht nur in Amerika, nicht nur in Deutschland, nein, überall auf der Welt.

Ob alles zum Guten beiträgt, warten wir mal ab und bleiben optimistisch-hoffnungsfroh!

Denn:

Will nicht jeder die Welt ein wenig besser machen?

HAMELN – TEXAS – THAT'S MY LIFE

Hier gebe ich einen Einblick in meine eigene Gedankenwelt bezüglich Lebensbestimmung, zeige unterschiedliche Verbindungen zwischen Hameln und Texas auf, binde den Rattenfänger mit ein und ermutige anhand meines eigenen Beispiels zu Lebensträumen aller Art.

Meinen Weg ins Weserbergland habe ich Ihnen, lieber Leser, bereits im Prolog beschrieben. Auch die Antwort auf die mir häufig gestellte Frage „Wie kommt man, bitteschön, auf Texas??" bin ich Ihnen nicht schuldig geblieben. Doch die unterschiedlichen Verbindungen zwischen Hameln und Texas sind damit längst noch nicht beendet; es gibt interessante kleine Episoden zu erzählen und die möchte ich Ihnen nicht vorenthalten.

Ich weiß nicht, ob es Ihnen schon mal ähnlich gegangen ist: Wenn ich mich mit einem Thema intensiver beschäftige und meinen Fokus darauf lege, erscheinen in meinem Leben plötzlich Zeitungsartikel zum Thema, es tauchen Menschen auf, die mir auf irgendeine Weise weiterhelfen können und Informationen haben oder jemanden kennen, der hilfreich sein kann. Oft schon habe ich von diesen *Zufällen* profitiert.

So auch damals, als der reiselustige Ehemann und ich an einem schönen Frühlingsnachmittag in der näheren Umgebung das Schaumburger Land erkunden wollten. Schon damals sehr mit Texas verbunden, fuhren wir an diesem Tag eine andere Strecke gen Westen, nichtsahnend, dass uns auf dem Weg etwas Besonderes begegnen sollte: Das kleine Örtchen *Höfingen-Texas*. Ich befragte den reiselustigen Ehemann nach Einzelheiten, aber er zuckte die Schultern. Er wusste auch nichts über eine eventuelle USA-Verbindung oder gar über die Entstehungsgeschichte dieses Ortsnamens.

Wir hielten also an, auch, weil es am Ortseingang einen Findling mit dem eingravierten Texas 1856 zu bestaunen gab (und weiterhin gibt). Der kurze Fotostopp machte uns um einige Möglichkeiten reicher, unseren Freunden in Texas neue, schön gerahmte Souvenirs der „langjährigen Texas-Verbindung ins Weserbergland" zu überreichen. Gleiches gelang uns auch mit dem Ort Schulenburg auf halber Strecke zwischen Hameln und Hildesheim. Texas „revanchierte sich" lustigerweise mit bekannter Hameln-Symbolik. Aber dazu später mehr.

Erstmal wieder zurück ins beschauliche Höfingen-Texas. Jener Findling entfachte damals unsere Neugier. In lebhafter Phantasie entstanden auf der weiteren Autofahrt die abenteuerlichsten Ideen über das Wie, das Warum und das Wozu. Es vertrieb uns auf angenehme Weise die Zeit, um dann aber auch wieder in Vergessenheit zu geraten.

Doch anlässlich der Recherche zu diesem Buch fiel mir neben vielen Erinnerungsfotos auch das Findlungsfoto wieder in die Hände. Nun machte ich mich auf die Suche, jetzt im Internet darüber etwas zu erfahren. Und ich hatte Glück.

Zum Einen fand ich die kuriose Geschichte – erwähnt und veröffentlicht in der hiesigen Tageszeitung DEWEZET, dass eines Tages obiges Ortschild schlicht geklaut worden war (nicht von mir, ich schwöre!!!) und ersetzt werden musste, was den Radiosender NDR auf den Plan rief, der live von dort berichtete.

Zum Anderen fand ich einen Text, der etwas Aufklärung in die damaligen Geschehnisse bringen könnte.

Wenn Sie ähnlich wie ich an Lebensgeschichten interessiert sind, wünsche ich Ihnen viel Freude an dem Text von Konrad Diekmann *Höfingen-Texas. Zur Geschichte eines historischen Ortsnamens*. Leider habe ich die Abdruckrechte für dieses Buch nicht, daher verweise ich Sie auf die entsprechende Internetseite https://www.hoefingen.net/hoeffrr7.htm

Wer weiß, vielleicht verhilft dieser Text jemandem dazu, schon lange vermisste Verwandte oder zumindest familiäre Wurzeln zu entdecken.

Sollte also Günter Jauch jemals seine Millionenfrage über ein „Texas im Weserbergland“ stellen, hätten Sie jetzt gute Chancen, mit einem prall gefüllten Köfferchen nach Hause zu fahren. Damit ließe sich dann auf jeden Fall das amerikanische Texas besuchen. Oder Sie statten dem hiesigen Texas einen Besuch ab. Beides hat durchaus seinen – wenn auch unterschiedlichen – Reiz.

Apropos … Passend zu den ganz oben erwähnten Zufällen gehört auch die kleine Geschichte von Bill:

An einem Freitagabend im letzten Frühsommer kurz vor der Tagesschau – es hatte gerade zu regnen aufgehört – entstand in mir plötzlich der dringende Wunsch nach einem Abendspaziergang.

Ich hatte Lust auf frische, klare Luft und ein wenig Bewegung. Also fragte ich den reiselustigen Ehemann nach seiner Begleitung. Dieser glaubte zunächst, sich verhört zu haben.

„DU? Willst jetzt? Einen Spaziergang machen??? Ist alles okay? Oder wirst du krank?“ Erstaunte Fragen und ein ungläubig-zweifelnder Gesichtsausdruck.

Nun muss man dazu wissen, dass der reiselustige Ehemann (Sternzeichen Steinbock) jeden Berg erklimmen möchte, egal ob Ayers Rock oder Großglockner. Zur Not tut's auch der Harzer Brocken. Ich dagegen (Sternzeichen Löwe) liebe es eher, auch mal ein wenig faul im Sand zu liegen. Und allenfalls auf Beutezug in Form eines Stückchen Kuchens zu gehen.

Tatsächlich kann ich mich nicht daran erinnern, jemals das Ansinnen eines Freitagabendspaziergangs an den reiselustigen Ehemann gestellt zu haben. Er stimmte aber zu und wir zogen los Richtung Städtchen mit der Absicht, neben der Bewegung auch ein kleines Abendessen zu uns zu nehmen.

Da dem reiselustigen Ehemann mangels Temperatur nicht nach gerade eröffneter Beach Bar zumute war, landeten wir in einem großen Biergarten nahe der Weser. Trotz der kühlen Witterung war es recht voll, aber wir hatten Glück und bekamen den letzten verfügbaren Tisch.

So starteten wir dann gut gelaunt mit Erdbeerbowle und Cheeseburger ins Wochenende. Der Geräuschpegel war anfangs recht hoch und wir mit unserem Imbiss beschäftigt. Doch im Anschluss schaute ich umher und bemerkte zwei Tische vor mir einen jungen Mann, welcher mit dem Rücken zu mir saß und sich mit einem älteren Gegenüber unterhielt. Und Rücken können entzücken, diesen zierte nämlich ein großes Texas-Emblem. Nicht als Tattoo, sondern als T-Shirt-Druck.

Natürlich machte ich mir so meine Gedanken und mutmaßte, was es wohl damit auf sich hatte. Umso mehr, als ich mitbekam, dass sich jene Besucher auf Englisch unterhielten und dabei aufregend „amerikanisch" klangen.

Der reiselustige Ehemann sah das Glitzern in meinen Augen, ermahnte mich: „Denk' erst gar nicht drüber nach ...!" und wollte meine Aufmerksamkeit dezent und trotzdem schnellstmöglich auf ein weniger verfängliches Thema lenken.

Aber er hatte nicht wirklich eine Chance. Mein Texasbuch vor Augen, bat ich ihn, den jungen Mann mit dem „entzückenden Rücken" doch mal anzusprechen.

Der reiselustige Ehemann zögerte ein wenig und zierte sich zunächst, um dann aber festzustellen: „Schau mal, immerhin trage ich zufällig mein Texas-Käppi. Und Lust auf American English habe ich auch!" Sprach's und zog von dannen. Aus der Distanz konnte ich dann ein ausgesprochen munteres Männergespräch beobachten, das – eine Viertelstunde später – in der Einladung gipfelte, mich ebenfalls dazu zu gesellen.

Auf amerikanisch-lockere „Small talk Weise" erfuhren wir nun, dass Vater Bill und sein Sohn Freunde in der näheren Umgebung besuchten und kleinere Städte bevorzugten, sie waren sozusagen „off the beaten track „ unterwegs. Hameln und seinen Pied Piper (dt.: Rattenfänger) fanden sie „awesome" und „impressive" (dt.: toll und beeindruckend) wie überhaupt das gesamte Weserbergland.

Wir wiederum schwärmten von Texas, erzählten von Buchplänen und unseren Erlebnissen dort. Als sich dann noch herausstellte, dass wir Freunde in Austin haben und diese ab und zu besuchen, hieß es: „You see, ich wohne auch in Austin. Gebt mir mal eure Email-Adresse, dann schreibe ich euch morgen. Meine Telefonnummer schicke ich mit. Und wenn ihr das nächste Mal in Austin seid, ruft mich an und wir treffen uns auf ein Bier."

Gesagt, getan. Mittlerweile war es spät geworden, wir verabschiedeten uns und gingen irgendwie glücklich und bestens gelaunt nach Hause.

Und obwohl wir nicht unbedingt damit rechneten, fanden wir am nächsten Morgen tatsächlich eine Mail von Bill vor, der sich für den netten Abend und das unterhaltsame Gespräch bedankte. Dazu schrieb er uns seine Telefonnummer mit der Bitte, ihn unbedingt anzurufen für das gemeinsame Bierchen in Austin. Und natürlich haben wir ihm das versprochen!

Nun sage mir jemand, es gäbe keine Fügungen …

Lust auf einen Abendspaziergang hatte ich seitdem allerdings noch nicht wieder. Sollte sich jedoch erneut so ein Impuls zeigen, werde ich ihn umsetzen, denn man weiß ja nie, wer oder was sich dahinter womöglich verbirgt.

Und auch umgekehrt wird ein Schuh draus, wie man in Deutschland sagt: Nicht nur Texanisches findet man in Deutschland, sondern auch Hamelner Symbolik in Texas.

Als wir nämlich eines Tages entspannt in Richtung San Antonio fuhren, überholte uns ein Fahrzeug mit einem Emblem, das uns höchst vertraut war:

Das Auto war bedruckt mit dem Logo des stilisierten Rattenfänger von Hameln und im Auftrag der Firma PIED PIPER PEST CONTROL vielleicht auf dem Weg zum nächsten Einsatz wofür auch immer.

Die Kamera war zur Hand, der reiselustige Ehemann fotografierte flink und dokumentierte folgende Aufnahme:

Überhaupt – Der Rattenfänger ist natürlich das Symbol für Hameln und für alle, denen die Sage bisher nicht bekannt ist, hier eine kurze Version:

„Der Sage nach ließ sich im Jahre 1284 zu Hameln ein wunderlicher Mann sehen. Er hatte ein Obergewand aus vielfarbigem, buntem Tuch an und gab sich für einen Rattenfänger aus, indem er versprach, gegen ein gewisses Geld die Stadt von allen Mäusen und Ratten zu befreien.

Hameln litt zu dieser Zeit unter einer großen Rattenplage, derer die Stadt selbst nicht Herr wurde, weshalb sie das Angebot des Fremden begrüßte.

Die Bürger sagten ihm seinen Lohn zu, und der Rattenfänger zog seine Pfeife heraus und pfiff eine Melodie. Da kamen die Ratten und Mäuse aus allen Häusern hervorgekrochen und sammelten sich um ihn herum. Als er nun meinte, es wäre keine zurückgeblieben, ging er aus der Stadt hinaus in die Weser; der ganze Haufen folgte ihm nach, stürzte ins Wasser und ertrank.

Als aber die Bürger sich von ihrer Plage befreit sahen, bereuten sie das Versprechen und sie verweigerten dem Mann den Lohn, so dass er zornig und erbittert wegging.

Am 26. Juni kehrte er jedoch zurück in Gestalt eines Jägers, mit schrecklichem Angesicht, einem roten, wunderlichen Hut und ließ, während alle Welt in der Kirche versammelt war, seine Flöte abermals in den Gassen ertönen.

Alsbald kamen diesmal nicht Ratten und Mäuse, sondern Kinder, Knaben und Mägdlein (Jungen und Mädchen) vom vierten Jahre an, in großer Anzahl gelaufen. Diese führte er, immer spielend, zum Ostertore hinaus in einen Berg, wo er mit ihnen verschwand.

Nur zwei Kinder kehrten zurück, weil sie sich verspätet hatten; von ihnen war aber das eine blind, so dass es den Ort nicht zeigen konnte, das andere stumm, so dass es nicht erzählen konnte. Ein Knäblein (Junge) war umgekehrt, um sein Obergewand zu holen, und so dem Unglück entgangen.

Einige sagten, die Kinder seien in eine Höhle geführt worden und in Siebenbürgen wieder herausgekommen.

Es waren ganze 130 Kinder verschwunden. Man hat sie nie mehr gesehen."
(siehe RATTENFÄNGER VON HAMELN)

Und auch der heutige Rattenfänger-Darsteller Michael Boyer, der passt hier so perfekt ins Bild. Schauspieler wollte er werden, jetzt führt er mit vielen Hamelner Kindern und Erwachsenen von Mai bis September an jedem Sonntag das RATTENFÄNGERSPIEL auf. Open Air in Hamelns Innenstadt auf der Hochzeitshausterrasse. Sehr zu empfehlen, sollten Sie unser Hameln einmal besuchen, genau wie das Musical „Rats“, das an gleicher Stelle Mittwoch nachmittags aufgeführt wird.

Unsere texanische Freundin war während eines Besuchs bei uns richtig begeistert, eine für sie unerwartet muttersprachlich geführte Tour mit dem spielfreudigen Rattenfänger zu erleben. Der reiselustige Ehemann zeigte sich tief beeindruckt von munter erzählten Geschichten, Anekdoten und Informationen über unser Städtchen – na, und ich sowieso.

Wenn Sie, liebe Leser, jetzt über „muttersprachlich" gestolpert sind: Überraschung!! Unser hauptamtlicher Rattenfänger-Darsteller stammt aus Amerika! Nein, nicht aus Texas. Man kann nicht alles haben. Aber aus Pennsylvania. Immerhin!

Und um eine vollends runde Sache daraus zu machen: So wie ich in diesem Jahr u. a. „Silberhochzeit mit Texas" feiere, konnte Michael Boyer sein 25. Jubiläum als *Rattenfänger von Hameln* feiern, am 1. Januar 1994 startete er hier in der Rolle seines Lebens.

Nicht nur, dass es „Texas" in der Nähe unseres Wohnortes gibt, nein, wie bereits erwähnt, gibt auch ein Schulenburg in der weiteren Umgebung. Den kleinen Ort – das deutsche Pendant – wollten wir natürlich unbedingt unseren Freunden vorstellen und machten uns eines Tages auf den Weg dorthin, um beim nächsten Besuch Anschauungsmaterial in Form von Fotos mit ins texanische Schulenburg mitnehmen zu können.

Auch sonst passt Texas eben perfekt zu uns: Texas ist der 28. Staat der USA und die 28 ist unsere (Glücks-)Zahl, denn sowohl der reiselustige Ehemann als auch ich selbst haben an einem 28. Geburtstag. Geheiratet haben wir daher auch an einem 28. und selbst an meinem Auto durfte das „TX" für Texas als Nummernschild nicht fehlen. Der reiselustige Ehemann fand das durchaus cool, zog nach und verewigte statt seiner Initialen nunmehr ebenso das „TX" in seinem Autokennzeichen.

Und nun sagen Sie selbst: Ist das Zufall oder Schicksal, Lebensbestimmung oder nur verrückte Launen – oder wie mein Vater sagen würde „Rosinen im Kopf" der Gaby K.?

Ich denke manchmal darüber nach, wie und was sich alles gefügt hat, wenn auch auf Wegen, die nicht immer vorhersehbar waren. Nicht immer hatte ich Einfluss, manches entzog sich meiner Kontrolle.

Wie bemerkte einmal John Lennon von den Beatles so treffend:

„Leben ist das, was passiert, während du damit beschäftigt bist, andere Pläne zu machen."

Dass ich Sie, liebe Leser, an diesem Teil meines Lebens teilnehmen lasse, hat zwei Gründe: Erstens natürlich möchte ich Sie mit meiner Liebeserklärung an das wunderbare TEXAS auf meine zweite Heimat neugierig machen.

Zweitens möchte ich gewisse Erkenntnisse mit Ihnen teilen. Erkenntnisse, die mich gelehrt haben, zunehmend mehr zu vertrauen – dem Leben und mir selbst. Und Sie, ja, genau Sie, auch dazu zu ermutigen, Träumen zu folgen, wie ungewöhnlich sie auf den ersten Blick auch erscheinen mögen. Sie werden eine fantastische Zeit damit verbringen, sich eventuell erst mal auf die Suche zu begeben, Ihre Träume überhaupt zu finden. Denn wie ich schon erwähnte:

Oft haben sie sich schamhaft so versteckt, dass es ein bisschen Mühe kostet, auf die Suche nach ihnen zu gehen. Nach innen zu gehen. Tagzuträumen.

Haben Sie Geduld, lassen Sie sich Zeit. Ich bin mir sehr sicher, dass Sie eines Tages etwas finden. Eine kleine Sehnsucht vielleicht oder ein leiser, kaum hörbarer Seufzer: „Ach, wäre das schön, wenn …! Eigentlich wollte ich doch immer … Aber nein, jetzt nicht mehr … Das geht doch nicht."

Doch wenn Sie dann den Mut aufbringen, alle Vorbehalte da sein zu lassen und trotz Bauchkribbeln einen winzigen Schritt auf die Erfüllung Ihres Traums zuzugehen, wird es Sie verändern. Und es wird Ihr Leben verändern. Bleiben Sie daher neugierig und aufmerksam.

„Dem Gehenden schiebt sich der Weg unter die Füße."

Dieser ermutigende, vermutlich zitierte Satz einer Bekannten hat sich für mich bewahrheitet. Ich kann das wirklich bestätigen. Immer, wenn ich „losging", also in fester Absicht anfing zu handeln, taten sich plötzlich Gelegenheiten auf. Alles griff ineinander. Ich lernte Leute kennen, die mich unterstützten, ich hörte zufällig wichtige Informationen, hatte sogar Losglück, kurz gesagt: Dinge fügten sich zu meinem Besten.

Natürlich gab es in meinem Leben auch anderes, wie ich bereits ja verraten habe. Situationen entwickelten sich nicht wie gewünscht, Termine platzten oder es hakte irgendwie und immer wieder. Und ich war enttäuscht, frustriert oder wütend.

Doch durch vielfältige Erfahrungen einiger Lebensjahrzehnte bin ich inzwischen geneigt zu denken: Das war dann für mich nicht vorgesehen, frei nach dem Motto des Dalai Lama:

**„Etwas nicht zu bekommen, was man will,
ist manchmal ein großer Glücksfall."**

LOSLASSEN ist eine Sache, welche wir in diesem Leben, so glaube ich, wohl auch zu lernen haben.

Mein dennoch hoffnungsfrohes Fazit zu diesem Thema:

**Nichts und niemand kann uns in diesem Leben daran hindern,
an Wunder zu glauben.
Und Wunder geschehen.
Wenn man daran glaubt.**

Daher halte ich es gern mit einem der berühmtesten Amerikaner, Walt Disney:

**„Alle Träume können wahr werden, wenn wir den Mut haben,
ihnen zu folgen."**

GOLDENE HOCHZEIT – DREAM BIG

Unter der Überschrift DREAM BIG schreibe ich über meine eigenen großen Visionen: Ich wünsche mir mein spezielles Haus in Texas, hoffe auf ein Date mit den Gaines in Waco und möchte natürlich auch Goldene Hochzeit feiern – 2044 in Texas!

DREAM BIG – diese Aufforderung habe ich aus Texas mitgebracht. Sozialisiert war ich eher anders, wie viele meiner Generation. Bei uns ging es eher um Bescheidenheit, sich nicht so wichtig zu nehmen, um Aufgaben-Pflichterfüllung, schlicht ums Funktionieren. Seitdem ich Texas kenne und die Größe *Texas Size*, habe ich gelernt, dass große Träume auch zu größeren Ergebnissen führen können, wenn man sich denn an gewisse Spielregeln hält.

Mein **DREAM BIG** entwickelte sich zuerst durch die für mich häufig wunderschönen amerikanischen Häuser. Auf einer unserer ersten Reisen ermöglichten unsere Freunde uns eine sogenannte Architekten-Tour. Angelehnt an unseren niedersächsischen „Tag des offenen Gartens" durften wir dort unterschiedliche Wohnhäuser besichtigen. Alle bewohnt und in unterschiedlichen Stilen errichtet. Ich war und bin bis heute immer noch sehr beeindruckt. Immer, wenn mich jemand nach *Living in America* fragte, antwortete ich: „Ich liiiebe amerikanische Häuser!! Ich wünsche mir ein amerikanisches Haus mit einem großen Kühlschrank, aus dem auf Knopfdruck Eiswürfel purzeln oder gecrushtes Eis rutscht. Je nach Getränkewunsch. Außerdem gehört eine *Front Porch* (Veranda) für mich dazu und natürlich zwei weiße Adirondeck Chairs. Wenn es dann noch am Meer steht und weiße Treppen sowie verschnörkelte Holzelemente besitzt, wäre mein **großer Traum** perfekt."

Seit der Sendung *Fixer Upper* im deutschen Fernsehen bin ich natürlich auch Fan von sogenannten Kücheninseln und raffinierten offenen Konzepten. Und von affirmativen Wand-Tattoos à la **DREAM BIG**!

Seitdem versuche ich in sehr begrenztem Maß, amerikanische Architektur in unsere eigenen vier Wänden zu übertragen, meistens sehr zum Entsetzen des reiselustigen Ehemannes („Willst du schon wieder umräumen??") Ehrlicherweise muss ich zugeben, dass unser Domizil zwar groß, aber nicht riesig ist und der damalige Küchenberater die Hände über dem Kopf zusammenschlug und sich weigerte, mir einen American Fridge in „seine Küche" zu stellen. „Bedenken Sie die Kosten!", jammerte er und „So ein Ungetüm kauft Ihnen hinterher hier kein Mensch wieder ab! Und dann?"

Ich gehorchte also der Vernunft und dem Küchenberater, der reiselustige Ehemann gab erleichterte Seufzer von sich, aber meine Sehnsucht blieb. Bis heute. Daher bietet der fehlende Kühlschrank zumindest immer einen gespielt „guten Grund", wieder einmal gen Texas aufzubrechen. Und solange die *Vending Station* (in den meisten Hotels gibt's hier die Eiswürfel) nicht in direkter Nachbarschaft zu unserem Hotelzimmer steht, ist auch der reiselustige Ehemann durchaus ein Freund von eisgekühltem Getränk.

Immerhin haben es wenigstens zwei weiße Adirondecks und diverse texanische Souvenirs ins Weserbergland geschafft. Die erinnern uns alltags an Texas.

Mein zweiter großer Wunsch bezüglich Texas ist ein Interview mit Chip und Joanna Gaines. Seit wir damals zufällig in ihre Sendung hineingezappt sind und seitdem fast alle Sendungen aufgenommen haben (lediglich die Folge über den Diner *Magnolia Table* haben wir leider bisher irgendwie verpasst), träume ich von einem Besuch auf ihrer Farm.

Das wäre dann auf jeden Fall ein eigenes FIXER UPPER-GAINES-Kapitel. Dafür würde ich sogar das zweite Buch über Texas *Von der silbernen zur goldenen Hochzeit* in Angriff nehmen. Es gibt ja so viel über das Land zu erzählen, wir haben noch längst nicht alles entdeckt und längst nicht alles besucht.

Texas ist also weiterhin immer wieder eine Reise wert!

Und wenn dann als weiterer Traum die Möglichkeit eines Besuches der TV Show *Good Morning, Texas* gegeben wäre, würde ich begeistert sein und die Menschen sich doch bestimmt freuen über eine **deutsche Liebeserklärung** an ihr Land.

Seitdem ich das Motto der Neustadt an der Weinstraße lebenden Texanerin Dr. Renée Moore *Done is better than perfect* gehört und für mich übernommen habe, traue ich mich dann auch gern mit unperfektem Englisch samt „little German Accent" ins Gespräch.

Last but not least nimmt sich dann der Traum, den originalen TEXAS TWO STEP Tanz vor Ort zu lernen, recht bescheiden aus. Ist aber trotzdem eine Herzensangelegenheit. Genau wie die Goldenen Hochzeiten, sei es unsere Eigene, die unserer Freunde oder die mit Texas: Ehrensache, dass der Tanz dazu gehört!

Deshalb, liebe Leser, egal, ob Sie verliebt sind in einen Traum, ob Sie Ihren Traum noch gar nicht kennen oder ihn sich nicht gestatten, nehmen Sie ihn trotzdem ernst! Träume bleiben manchmal so verborgen und trotzdem sind sie existent. Egal, wie verrückt und unerfüllbar sie auch scheinen: Machen Sie sich auf den Weg und erwarten Sie Wundervolles!

Denn wie sagte schon Eleanor Roosevelt?

**„Die Zukunft gehört denen,
die an die Schönheit ihrer Träume glauben."**

EPILOG: BELIEVE IN MIRACLES

Zum Abschluss schreibe ich eine Zusammenfassung über meine ggf. neuen Erkenntnisse, das Buch als großes DANKESCHÖN an meine zweite Heimat.

Mein liebes Texas,

anlässlich „ unserer Silberhochzeit“ möchte ich dir und deinen Bewohnern mit diesem Buch ein DANKESCHÖN TEXAS SIZE sagen für die 25 wunderbare Jahre, in denen ich mit dir so inniglich verbunden war. In dieser Zeit hast du mir so viel gegeben:

Du hast dafür gesorgt, dass immer, wenn ich dich besucht habe, ein seltenes Gefühl in mir entstand: Das Gefühl der Freiheit und der Unabhängigkeit!

Du hast mich gelehrt, Haltung zu zeigen, sich so wenig wie möglich verbiegen zu lassen, sich selbst wichtig zu nehmen und ein kleines bisschen patriotischer zu sein. Du weiß ja, wir Deutschen tun uns damit ja noch immer schwer.

Du hast mir erlaubt, immer ein wenig weg zu driften aus dem Alltag, wann immer ich mit dir gedanklich beschäftigt war.

Du hast mich lauthals singen lassen: „The stars at night are big and bright, deep in the heart of Texas!“ Und das ist keine Übertreibung. Ich weiß, dass es stimmt!

Und du hast mich unwissentlich unterstützt, mutig zu sein und etwas zu wagen, nämlich dieses Buch für dich zu schreiben. Selbst da warst du Antrieb und Inhalt zugleich.

Das ist mein Geschenk an dich! Ich möchte dir nämlich wirklich gern etwas zurückgeben.

Ich hoffe, dir gefällt's!

Danke für die wundervollen 25 Jahre, die ich mit dir verbringen durfte.

Du hast mich inspiriert, an Wunder zu glauben.

God bless you, Texas!

Und nun lass' uns in die nächsten 25 Jahre starten!

Ich freu' mich drauf!

KLEINES TEXAS-ABC

Absolutely awesome! = geäußerte Begeisterung, groß

Adirondack = Gartensessel, meist aus Holz mit breiten Armlehnen

Bagel = Gebäck aus Hefeteig mit einem Loch in der Mitte

Bakery = Bäckerei

Banana Bread = eine Art Topfkuchen mit pürierten Bananen versetzt

Bed & Breakfast = Unterkunft mit Frühstück

Bolo-Tie = (Leder-)Band mit Spange, „Cowboy Krawatte“

Chips und Salsa = Knabberei, diverse Mais-Chipssorten mit Soße, meist auf Tomatenbasis

Diner = Restaurant, meist für Frühstück, Mittag- und Abendessen

Don't mess with Texas! = Redewendung: Leg dich nicht mit Texas an!

Frozen Strawberry Margarita = leckerer Cocktail mit Erdbeeren und Alkohol

Hall of Fame = Ruhmeshalle

Honky Tonk = Kneipe mit (Life-)Musik

Mashed Potatoes = Kartoffelbrei, manchmal mit einem Hauch Knoblauch, Beilage zu Steaks

Nerd = hier positiv gemeint: Individualist mit Hang zu Spezialinteressensgebieten

Onion Rings = frittierte Zwiebelringe, in Teig oder pur

Pecans Nüsse, reichhaltig und sehr schmackhaft, nicht nur im Pie/Kuchen

Rollercoaster = Achterbahn

Spring Breaker = Studenten in den Frühlingssemesterferien

Sweet Sixteen = süße Sechzehn (Jahre alt)

tasty = lecker, geschmackvoll

Tex-Mex-Küche = texanisch-mexikanische Speisen

Texas size = alles ist riesig in Texas

Vintage Look = auf alt getrimmt

You bet! = Redewendung: Darauf kannst du wetten!

EIN GROSSES DANKESCHÖN

an meinen reiselustigen Ehemann, der seine Fotos zur Verfügung gestellt hat und mir immer jegliche Unterstützung bietet,

an meine Familie, die meinen Lebensweg wohlwollend begleitet hat, insbesondere an meinen Vater, der mit seinem unerschütterlichen Optimismus stets richtungsweisend für mich war,

an H. B. für die Ermutigung, meine Talente zu nutzen und an mich zu glauben,

an Dr. Beate Forsbach, meine wunderbare Verlegerin, die mir über manche Klippen des Buchschreibens mit großem HERZ hinweggeholfen hat,

an Dr. Renée Moore, für wertvolle „echt texanische“ Tipps und das Vorwort zu diesem Buch,

und natürlich

an unsere texanischen Freunde, ohne die dieses Buch nicht hätte entstehen können:

Beverly & Marc, Sara & Doug

THANK YOU FOR YOUR FRIENDSHIP AND HOSPITALITY

TEXAS SIZE!

ZUM WEITERLESEN

Literaturhinweise

* Kruse-Etzbach, Dirk: Reisehandbuch USA/Südwesten, Iwanowski's Reiseverlag

* Theuermeister, Käthe: Hummelchen reist nach Amerika, Weichert Buch

* Hicks, Michael: How to be Texan, Gulf Publishing Company

* Wills, Kathy Lynn & Artho, Virginia: Cowgirl Legends, Peregrine Smith Book (Publisher)

Internet

* AMERICANET: https://www.americanet.de/geschichte-von-texas/

* AMERICAN FOOTBALL: de.wikipedia.org/wiki/American_Football

* COWBOYHUT: de.wikipedia.org/wiki/Cowboyhut

* DEWEZET: www.dewezet.de

* LYNDON B. JOHNSON SPACE CENTER: de.wikipedia.org/wiki/Lyndon_B._Johnson_Space_Center

* MERIAN: www.merian.de/dallas/vereinigte-staaten-von-amerika/nordamerika/artikel/die-groessen-der-musikszene

* QUILT: de.wikipedia.org/wiki/Quilt

* RATTENFÄNGER VON HAMELN: de.wikipedia.org/wiki/Rattenfänger_von_Hameln

* RICE UNIVERSITY: https://de.wikipedia.org/wiki/Rice_University

* TEXAS: de.wikipedia.org/wiki/Texas

* USA Info: www.usa-info.net/bundesstaaten-usa/texas/geschichte/

* USA Reisetraum: www.usa-reisetraum.de/

* USA Tipps: www.usatipps.de/bundesstaaten/suedstaaten/texas/

* Visit the USA: www.visittheusa.de/state/texas

* Visit USA: www.vusa.travel/

* WELT: www.welt.de/reise

ZUR AUTORIN

Gaby Krensel, Jahrgang 1960, ist in Harznähe geboren und lebt mit ihrem Mann in Hameln. *Texas – Eine Liebeserklärung* ist ihr Erstlingswerk.

Obwohl sie schon im Grundschulalter kleine Geschichten schrieb und als kleines Mädchen davon träumte, ein Buch zu veröffentlichen, führte ihr beruflicher Weg nach dem Studium und Referendariat erst einmal schnurstracks in die Schule, wo sie bis zum Sommer 2019 als Förderschullehrerin in der Inklusion tätig war. Nebenbei absolvierte sie eine Diplom-Ausbildung als Coach für Kinder/Jugendliche und Erwachsene. Sie erwarb u. a. Zusatz-Zertifikate für Kinderpsychologische Beratung und Frühkindliche Entwicklung/Gleichgewicht nach D. Beigel.

Gaby Krensel liebt es nicht nur, unterwegs zu sein, sondern begeistert sich auch für Kokosschokolade und Cake Design. Daher reiste sie mehrfach nach London, um sich bei der bekannten deutschen Cake Designerin Peggy Porschen in die Geheimnisse der besonderen Back- und Dekorierkunst einweihen zu lassen. Und ein nächster großer Traum wurde damit wahr.

Neben ihrer Reiselust, die sie schon zu den unterschiedlichsten Orten rund um die Welt geführt hat, gehört ihre große Liebe aber Texas, dem *Lone Star State*. Seit 25 Jahren bereist sie diesen amerikanischen Bundesstaat und hat ihn inzwischen zu allen Jahreszeiten erlebt.

Die tiefe Verbundenheit mit Texas und die Freude auf die nächste Reise dorthin wie auch die oft inspirierende Zeit dort haben die Autorin immer wieder in ihrem Beruf unterstützt, bot der Sehnsuchtsort Texas doch die Möglichkeit, in Gedanken dorthin abzutauchen und dem fordernden, manchmal auch frustrierenden Schulalltag zu entfliehen. Und neue Kraft zu tanken. Für ihre Schüler.

Nun, nach dem Ende ihrer Schulzeit, möchte sie sich einen weiteren Traum erfüllen: eine Zeitlang in Texas leben, in einem typisch amerikanischen Haus mit Frontveranda, Adirondeck Chairs und einem Eisschrank, aus dem die Eiswürfel purzeln.

Und da sie es selbst lebt, wird sie ihrem Motto weiterhin treu bleiben:

„Follow your dreams, they know the way!“

(Kobi Yamada)

FSC
www.fsc.org
MIX
Papier | Fördert gute Waldnutzung
FSC® C083411

Zeitfracht Medien GmbH
Ferdinand-Jühlke-Straße 7
99095 Erfurt, Deutschland
produktsicherheit@kolibri360.de